AI 융합 교육 교사

AI문고

인공지능 시대입니다. 기계가 인간의 인지를 대신하고, 사물이 인간을 통하지 않고 다른 사물과 직접 커뮤니케이션합니다. 이에 따른 인간 삶과 문명 변화를 정확히 이해·예측·대응하는 것은 이 시대 우리 모두의 과제입니다. AI문고는 인공지능 기술과 환경의 여러 주제를 10가지 키워드로 정리합니다. 관련 개념과 이론, 학계와 산업계의 쟁점, 우리 일상의 변화를 다룹니다. 인간과 기술의 현재, 미래를 세심히 분석합니다.

일러두기

- 인명, 작품명, 저서명, 개념어 등은 한글과 함께 괄호 안에 해당 국가의 원어를 병기했습니다.
- 외래어 표기는 현행 어문규정의 외래어표기법을 따랐습니다. 다만 파이썬, 솔루션, 아두이노 등은 관행을 따랐습니다.

처음이세요?

전문가세요?

AI 융합 교육 교사

김귀훈

대한민국, 서울, 커뮤니케이션북스, 2025

AI 융합 교육 교사

지은이 김귀훈
펴낸이 박영률

초판 1쇄 펴낸날 2025년 7월 18일

커뮤니케이션북스(주)
출판 등록 2007년 8월 17일 제313-2007-000166호
02880 서울시 성북구 성북로 5-11
전화(02) 7474 001, 팩스(02) 736 5047
commbooks@commbooks.com
www.commbooks.com

ISBN 979-11-430-0509-0 03500

책값은 뒤표지에 표시되어 있습니다.

차례

AI와 교사의 변화, 그 길 위에서 xi

01 모든 것을 할 수 있는 초등 교사 1

02 초등학교 저학년 교사와 AI 융합 교육 9

03 초등학교 고학년 교사와 AI 융합 교육 17

04 과목을 AI에 특화하는 중등 교사 25

05 수학 교사와 AI 융합 교육 33

06 과학 교사와 AI 융합 교육 41

07 영어 교사와 AI 융합 교육 49

08 미술 교사와 AI 융합 교육 59

09 리더십을 발휘하는 정보 교사 69

10 나도 노벨상, 아이들의 꿈을 현실로 79

AI와 교사의 변화, 그 길 위에서

"교수님, 제가 AI를 가르칠 수 있을지 모르겠어요."

AI 융합교육대학원의 첫 강의. 말없이 앉아 있던 중등 교사 한 분이 용기 내어 내게 건넨 첫마디였다. 나는 그 한마디에 모든 것이 담겨 있다고 느꼈다. 선생님들의 두려움과 책임, 낯섦과 궁금함이 배어 있다. 그리고 '나는 아이들에게 더 좋은 수업을 해 주고 싶다'는 마음까지 담겨 있다. 그 순간 나는 이 책을 꼭 써야겠다고 마음먹었다.

많은 교사들이 AI라는 단어를 들으면 먼저 떠오르는 것은 '불안'이다. 본인의 전공과 다른 낯선 단어에, 빠르게 변하는 기술을 보면서 뒤처지지 않을까 걱정이 인다. 그것을 교과와 어떻게 접목해야 할지에 대한 막막함이 머리를 하얗게 만든다. "정보 교과가 아닌데 내가 과연 가능할까?" "미술이나 체육 교사도 꼭 AI를 배워야 하나요?" "이걸 배우는 게 학생들에게 정말 도움이 될까?" AI 융합 교육은 이런 질문에서 시작된다.

나는 말하고 싶다. 그 질문들 속에 있는 마음이야말로

가장 큰 출발점이라고. 선생님이 아이들을 진심으로 생각하기 때문에 걱정하는 마음이 있고, 그것은 교사로서의 책임감을 보여 주는 가장 귀한 모습이라고 생각한다.

기술보다 중요한 건 '마음'

처음부터 모든 교사가 자신감을 가지고 시작하지는 않았다. 오히려 겸손하게 "저는 잘 몰라요", "이걸 왜 해야 하는지도 잘 모르겠어요"라고 고백하는 분들이 많았다. 나는 그런 분들을 존경한다. 그런 마음이야말로 아이들과 함께 배우고 성장하려는 자세이기 때문이다.

AI는 교육을 위협하는 존재가 아니다. 오히려 교사와 학생이 더 깊고 넓게 연결될 수 있도록 도와주는 하나의 다리다. 교실 밖 세상은 이미 AI로 가득하다. 아이들은 매일 AI 음성 비서와 대화하고, 유튜브 알고리즘에 따라 콘텐츠를 소비하며 살아간다. 그런데 학교는 아직도 그 흐름과 단절된 채 살아간다. 우리는 교실을 '현재'와 '미래'에 열려 있는 장소로 만들어야 하지 않을까?

초등학교 A 선생님의 이야기

초등학교 A 교사는 컴퓨터교육 전공도 아니고, 코딩 경험도 거의 없었다. 하지만 "나부터 배워야겠다"는 결심

하나로 AI 융합 교육 전공을 신청했다. 처음엔 생성형 AI라는 말조차 낯설었지만, 그림을 그려 주는 AI를 경험한 뒤, 자신이 미술을 잘하지 못해도 아이들과 함께 해 보고 싶다고 느꼈다고 한다.

그분은 '감정 표현 포스터 만들기' 수업을 진행했다. 아이들은 각자 선택한 감정을 키워드로 AI에게 요청해 그림을 생성하고, 그 그림 위에 자신만의 이야기를 적어 넣었다. "아이들의 표현력이 이렇게 강한 줄 몰랐어요. 오히려 제가 더 감동받았어요." A 선생님의 눈에는 뿌듯함이 가득했다.

이처럼 AI는 교사의 부족함을 드러내는 것이 아니라, 교사와 학생 모두의 가능성을 확장하는 힘이 있다.

기술도, 감정도 살아 있는 수업

한편 다른 학교에서는 로봇을 활용한 수업이 진행되었다. 아이들이 블록 코딩을 이용해 로봇이 움직이도록 하는 활동이었는데, 로봇이 아이의 이름을 불러 주는 순간, 그 아이는 두 눈을 반짝이며 말했다. "선생님, 얘가 내 이름을 불렀어요!" 단순한 코드였지만, 그 아이에게는 큰 의미가 있었다. 로봇이 자신을 알아보고, 반응해 주는 데서 놀라운 감정이 들었다. 교사는 눈시울을 붉히며 말했다. "기술이 사람의 마음을 건드릴 수 있다는 걸 처음 느꼈어요."

AI는 그저 정보나 명령어를 처리하는 도구가 아니라, 아이들이 세상과 만나는 새로운 창이다. 그 창을 어떻게 열어 주느냐는 전적으로 교사의 몫이다.

작은 변화, 큰 울림

작은 중학교에서 과학을 가르치는 B 선생님은 늘 제약을 안고 있었다. 실험 장비도 부족하고, 과학 재료도 제한적이었다. 그러나 AI를 접한 후, 그 제약은 오히려 상상력을 자극하는 기회가 되었다.

"우리 마을의 나무들이 사라지면 어떤 일이 생길까?" B 선생님은 학생들과 함께 AI로 '미래 도시' 영상을 만들었다. 생성형 AI는 아이들이 상상한 도시를 시각적으로 구현했고, 아이들은 자신이 만든 세계에 몰입했다. 영상이 끝나자, 한 아이가 말했다. "선생님, 우리가 지금부터 나무를 지켜야겠어요." 그 수업 이후, 아이들은 학교 앞 나무에 이름을 붙이고, '나무 돌보기 프로젝트'를 시작했다.

"아이들에게 생각하게 만드는 수업을 줄 수 있어서, 저는 교사로서 행복했습니다."

AI를 모르면 교사 자격이 없는 걸까?

"AI를 잘 몰라도 괜찮을까요?"

이 질문을 정말 많이 듣는다. 이 질문의 속뜻에는 '내가 부족한 사람은 아닐까?' 하는 두려움이 숨어 있다. 하지만 나는 단호하게 말한다.

"괜찮습니다. 선생님은 이미 교육의 전문가이십니다. AI는 선생님의 능력을 다른 방식으로 펼쳐 주는 도구일 뿐입니다. AI는 당신의 자리를 빼앗는 존재가 아니라, 함께 나아갈 친구입니다."

어느 고등학교 역사 교사는 GPT를 활용한 역사 인터뷰 수업을 기획했다. 학생들이 역사 속 인물(세종대왕, 유관순, 간디 등)이 되어 AI와 인터뷰를 나누는 형식이었다. "저는 유관순이에요. 왜 우리가 독립운동을 했을까요?"라는 질문에 GPT가 역사적 맥락을 담은 답변을 하자, 학생은 이렇게 말했다. "이런 수업은 처음이에요.

마치 진짜로 대화하는 것 같아요."

역사는 '죽은 과목'이 아니라, 생생한 사람들의 이야기로 다시 살아났다.

교사의 정체성, 다시 묻다

이 책을 통해 전달하고 싶은 것은 단순한 AI 활용 지침이 아니다. 무엇보다 먼저, 교사로서의 정체성을 다시 확인하기 위함이다. 우리는 교육 현장에서 수많은 변화의 흐름 속에 놓여 있다. 교과 개정, 평가 방식 변화, 디지털 도구의 등장 등이 그렇다. 그런데 가장 중요한 질문은 언제나 이것이다. "나는 왜 교사인가? 나는 무엇을 아이들에게 전하고 싶은가?"

AI는 이 질문에 대해 새로운 시선을 제공한다. 단순한 기술 습득이 아니라, '아이와 더 잘 소통하고 싶다'는 당신의 마음에 응답하는 도구다. 그리고 그 도구를 통해 교사 자신도 다시 배움을 경험한다.

당신은 혼자가 아닙니다

AI 앞에서 두렵지 않은 사람은 없다. 새로운 도구, 익숙하지 않은 용어, 빠르게 발전하는 트렌드. 하지만 교사로서 우리가 가진 가장 강력한 무기는 무엇인가? "끊임

없이 배우고, 결국 해낸다는 것"이다.

그동안 나는 수백 명의 교사들과 함께 AI 수업을 시도해 왔다. 차이가 있지만 대부분 이렇게 말한다.

"아이들이 이렇게 집중한 수업은 처음이었어요."

"수업이 매우 재밌어졌어요."

당신에게 보내는 편지

당신이 이 책을 펼쳐 든 지금 이 순간부터 변화는 시작되었습니다. 완벽하지 않아도 됩니다. 서툴러도 괜찮습니다. 중요한 건 두려움을 넘어서 보는 용기입니다.

당신은 이미 훌륭한 교사입니다. 그리고 그 훌륭함이 AI와 만나면, 더 넓고 깊은 수업이 됩니다. 아이들은 당신의 수업을 통해, 세상을 더 풍요롭고 따뜻하게 바라보는 법을 배울 것입니다.

AI는 기술이 아니라, 또 하나의 언어입니다. 아이들과 더 깊이 소통하기 위한 새로운 언어. 그리고 그 언어는 당신의 따뜻한 말 한마디, 부드러운 눈빛, 진심 어린 관심 속에서 더 빛나게 됩니다.

함께 갑시다.

아이들과 함께, AI와 함께, 교사로서의 사명과 함께.

기술이 아닌 사랑으로, 두려움이 아닌 소망으로, 이론이 아닌 실천으로. 여러분은 교사입니다. 그리고 교사는 세상을 바꿀 수 있습니다.

01
모든 것을 할 수 있는 초등 교사

초등학교 교사는 '한 교사, 전 교과 담당'이라는 특수한 역할을 수행한다. 국어, 수학, 사회, 과학은 물론 미술, 음악, 체육, 실과까지 모든 과목을 혼자 계획하고, 수업하며, 학생들과 소통해야 한다. 이 역할이 부담스럽게 느껴질 수도 있지만, 조금만 관점을 바꾸면 이것은 AI 융합 교육의 가장 큰 장점이 된다. 융합은 교과 간 장벽이 낮을수록 더욱 유기적으로 이뤄질 수 있기 때문이다. 이 장벽이 가장 낮은 곳이 바로 초등학교다. 학생들이 여러 교과를 하나의 큰 이야기로 받아들일 수 있고, 교사도 교과 간 연결을 쉽게 설계할 수 있다.

AI와 1인 창업?

교과서 너머, 아이들의 현실과 연결되는 수업

AI는 더 이상 공상과학 영화 속 기술이 아니다. 아이들은 이미 집에서 AI 스피커를 사용하고, 유튜브 알고리즘을 이해하고 있으며, 영상 편집 도구 속에 숨어 있는 자동화 기술에 감탄하고 있다. 아이들이 만나는 세상은 AI로 가득 차 있지만, 교과서 속 세상은 여전히 수십 년 전의 패턴을 반복하고 있다.

초등학교 5학년 담임 C 교사는 이런 현실을 인식하고 AI를 수업에 도입하기 시작했다. 그가 처음 시도한 수업은 '감정 인식 AI 만들기'였다. 학생들은 친구들의 표정을 촬영한 후, 구글의 티처블 머신(Teachable Machine)을 활용해 '웃음', '슬픔', '화남', '놀람' 등 다양한 감정을 분류하는 AI 모델을 직접 훈련시켰다. AI가 분류한 표정을 보고 "왜 슬퍼졌을까?"를 이야기하고, "슬픈 친구에게 어떤 말을 해 주면 좋을까?"를 쪽지에 적어 보는 활동은 단순한 AI 기술 실습을 넘어, 정서적 공감 능력을 키우는 수업으로 확장되었다. "기계도 감정을 배우는데, 우리는 더 잘 알아줘야 해요"라는 한 학생의 말은 수업이 남긴 깊은 울림이었다.

과목별 AI 융합 아이디어

초등 교과는 AI를 융합하기에 최적의 교육 환경이다. 다음은 과목별로 AI를 자연스럽게 연결한 수업 아이디어다. 국어, 수학, 과학, 미술, 체육 교과와 AI를 융합한 수업 사례를 서술해 보았다. AI는 다양한 교과와 융합되어 학생들의 학습 흥미와 창의성을 자극하는 효과적인 도구가 될 수 있다.

국어 수업에서는 GPT 기반의 글쓰기 도구를 활용해 이야기의 도입부를 AI가 생성하고, 학생들이 그 이야기를 이어 받아 중간과 결말을 직접 써 보는 활동을 진행할 수 있다. 이어서, AI가 만들어 준 동화를 아이들이 낭독하면서 감정 표현을 분석해 보는 활동은 말하기와 듣기 능력까지 함께 키울 수 있는 융합 수업으로 발전시킬 수 있다.

수학 교과에서는 학생들의 일상 데이터를 직접 수집하고 AI 도구로 시각화함으로써 수학적 사고력과 실생활 적용 능력을 동시에 기를 수 있다. 예를 들어, 학급 내 학생들의 아침 식사 여부나 운동 시간을 설문 조사하고 이를 표로 정리한 뒤, AI 시각화 툴을 통해 분석해 건강 습관과의 상관관계를 토론하는 수업이 가능하다. 이러한 활동은 스크래치(Scratch)와 마이크로비트(Micro:bit)를 연동해 '온도에 따라 색이 변하는 조명'을 만드는 활동으로 확장할 수 있으며, 이를 통해 데이터 활용과 피지컬 컴퓨팅의 통합적인 경험도 제공할 수 있다.

과학 수업에서는 이미지 인식 AI를 활용해 식물의 생장 주기를 분류하는 활동을 할 수 있다. 학생들은 직접 식물의 성장 과정을 사진으로 기록하고, 티처블 머신이나 코드닷오알지(code.org)의 'AI 포 오션(AI for Oceans)' 같은 플랫폼을 사용해 생물의 특징을 AI가 어떻게 인식하는지를 체험하게 된다. 이는 학생들에게 생명과학과 인공지능 기술 간의 접점을 자연스럽게 소개하는 기회가 된다.

미술 교과에서는 생성형 AI를 활용한 창의적 표현 수업이 효과적이다. 예를 들어, 빙(Bing) 이미지 생성기 같은 도구를 활용해 학생들이 상상 속 동물을 그려 보게 한 후, 각자의 작품에 대해 발표하는 시간을 가지면 미술적 감각과 발표력을 함께 향상하게 할 수 있다. 나아가 친구들이 만든 이미지를 교실에 전시하고, '가장 창의적인 AI 그림상'을 투표하는 활동을 통해 서로의 결과물을 존중하며 감상하는 태도도 기를 수 있다.

체육 수업에서는 AI 기반 자세 분석 앱을 활용해 체조나 줄넘기 같은 운동 동작을 실시간으로 피드백 받을 수 있다. 학생들은 자신의 자세를 화면으로 확인하고, AI의 분석을 바탕으로 개선점을 찾는 활동을 통해 자기 주도적인 신체 활동을 할 수 있다. 또한 AI와 함께 팀을 나누어 '동작 따라 하기' 게임을 진행하면 협동심과 운동의 즐거움까지 더해진 활기찬 체육 수업이 완성된다.

이처럼 교과 간 융합은 단순한 기술 활용을 넘어 학생들의 사고력, 창의력, 표현력, 신체 감각까지 다면적으로 확장할 가능성을 열어 준다. AI는 교사가 주도하는 교육의 깊이를 더하는 새로운 도구며, 학생 중심 수업의 촉진자 역할을 할 수 있다.

교사와 학생이 함께 배우는 수업

D 초등 교사는 4학년 학생들과 함께 "AI와 책 친구 만들기" 프로젝트를 진행했다. 아이들이 좋아하는 동화를 선택하고, 각자 등장인물 중 하나가 되어 AI 챗봇에서 질문을 받아 답변하도록 했다. "헨젤, 너 왜 그렇게 과자 집에 들어가고 싶었어?" 같은 질문에, AI는 동화 맥락에 맞는 답을 주었다.

수업을 마친 후, 아이들은 각자 자신이 만든 챗봇의 성격과 특징을 설명하며 발표했다. "이건 제가 만든 그레텔이에요. 약간 겁이 많지만 똑똑해요!" D 선생님은 이 수업을 통해 아이들이 이야기 구조를 더 깊이 이해하게 되었고, 동시에 기술과 소통의 기초를 익히는 계기가 되었다고 말했다.

활용 가능한 AI 도구들

AI는 교사가 모든 것을 새로 배워야만 하는 기술이 아니다. 이미 많은 교육용 도구들이 교사와 학생의 눈높이에 맞게 개발되어 있다. 다음은 초등교사가 쉽게 활용할 수 있는 대표적인 AI 도구들이다. 티처블 머신은 이미지, 소리, 자세 등을 학습시켜 분류하는 모델을 간단히 만들 수 있는 구글의 웹 기반 플랫폼이다. 스크래치(Scratch)와 확장 블록은 AI 기반 카메라 인식, 음성 인식 기능을 추가로 가능하다. 빙 이미지 생성기는 입력한 문장을 바탕으로 그림을 생성하는 생성형 AI다. AI 포 오션(Code.org)은 바다에서 쓰레기를 분류하는 게임을 통해 AI의 개념을 자연스럽게 배울 수 있는 도구다. 이러한 도구들은 수업을 확장해 줄 뿐 아니라, 교사의 창의성을 발휘할 수 있는 기회를 제공한다.

초등 교사의 AI 융합 교육이 갖는 힘

초등 교사에게는 커다란 장점이 하나 있다. 그것은 바로

"교사의 자유"다. 상대적으로 융통성 있는 수업 운영, 다양한 교과 통합의 여지, 그리고 교실 안의 아이들과의 밀도 높은 관계, 이 모든 것이 AI 융합 교육을 성공적으로 설계하고 실행할 수 있는 든든한 기반이 되어 준다.

특히 아이들은 초등 시절에 경험한 '배움의 즐거움'이 평생 학습 태도에 영향을 미친다. 따라서 이 시기의 AI 경험은 단순한 기술 교육을 넘어, 세상과 연결되는 방식 자체를 바꾸는 결정적인 전환점이 될 수 있다.

그리고 다시, 교사라는 이름

AI를 수업에 도입한 어느 교사는 이렇게 고백했다.

> "AI를 수업에 넣으면서, 제가 다시 배우는 느낌이 들었어요. 그런데 아이들이 그걸 보며 '선생님도 우리처럼 배우는구나' 라고 말했을 때, 저는 정말 감동했어요."

초등 교사는 배움의 모델이자 변화의 시작점이다. AI를 배우는 과정을 통해 교사는 자신도 성장하고 있다는 것을 실감할 수 있다. 그리고 그 성장의 한가운데에는 '교사'라는 단어가 다시금 살아 숨 쉬고 있다.

초등 교사는 무엇이든 할 수 있다. 아니, 무엇이든 시도해 볼 수 있다. AI는 교사에게 정답을 요구하지 않는다. 대신 함께 탐험할 수 있는 여정을 제안한다. 그리고 아이들은 그 여정의 동반자로 교사를 바라본다.

이제 첫발을 내디딜 시간이다. 두렵더라도 괜찮다. 서툴더라도 괜찮다. 교실 안 단 한 명의 아이가 "선생님, 오늘 수업 너무 재밌었어요!"라고 말해 준다면 우리는 AI 융합 교육의 첫 번째 성공을 거둔 것이다.

02
초등학교 저학년 교사와 AI 융합 교육

초등학교 저학년, 특히 1~2학년은 사고가 매우 구체적이며, 상상력은 풍부하지만 논리적 추론이나 추상적 개념 이해는 아직 이르다. 이러한 발달 특성을 고려할 때, AI 교육도 '코딩'이나 '알고리즘' 같은 개념 중심이 아니라, 몸으로 경험하고 마음으로 느낄 수 있는 활동 중심이어야 한다. 초등 저학년은 'AI 교육'이라는 말만 들어도 부담스러운 주제처럼 보일 수 있다. 그러나 실제로는 어린이들이 좋아하는 놀이, 이야기, 그림 그리기, 노래 부르기 같은 활동이 AI의 핵심 원리와 자연스럽게 만날 수 있다.

AI와 MBTI?

왜 저학년부터 AI를 만나야 할까?

많은 교사들이 묻는다. "아직 글도 다 못 읽는 아이들에게 AI를 가르친다고요?" 하지만 우리는 '가르친다'라는 말보다 '경험하게 한다'라는 말로 바꿔 생각해 볼 필요가 있다.

아이들이 스마트 스피커에게 "안녕!"이라고 말하며 친구처럼 여기는 것, 스마트폰이 얼굴을 인식해 잠금 해제를 하는 것을 보고 "얘가 날 알아봤어!"라고 말하는 것은 이미 AI와의 상호작용이 그들의 삶에 들어와 있음을 보여 준다.

그렇다면 학교 교육은 이 자연스러운 경험을 비판적 사고, 창의적 표현, 정서적 공감으로 이어 주는 연결 고리가 되어야 하지 않을까?

몸으로 배우는 AI: 언플러그드 활동

AI를 처음 접하는 아이들에게 가장 효과적인 접근은 언플러그드 활동이다. 즉, 컴퓨터나 디지털 기기를 사용하지 않고, 놀이와 역할극 등을 통해 AI의 기본 개념을 익히는 활동이다.

예를 들어, '알고리즘 따라가기' 활동에서는 교사가 직접 만든 미로판에서 한 학생이 'AI 역할'을 맡아 친구의 지시에 따라 움직이며 목적지를 찾아가는 놀이를 진행한다. 이 활동을 통해 아이들은 순차, 조건, 반복 같은 컴퓨팅 사고의 기초 개념을 자연스럽게 익힐 수 있다. 활동이 끝난 후에는 "더 쉬운 길은 없었을까?"를 함께 토론하며 최적 경로에 대한 개념도 확장해 나간다.

또 다른 예로 '감정 로봇 만들기' 활동은 표정 카드와 색깔 버튼을 활용해 감정을 인식하는 종이 로봇을 만들어 보는 것이다. 여기에 확장 활동으로 친구가 슬퍼 보일 때 AI 로봇이 어떤 말을 해 줄 수 있을지 함께 이야기하며 스토리를 구성해 본다.

이러한 활동들은 아이들이 AI를 '머리'로 이해하는 것을 넘어 '마음'으로 받아들이도록 돕는다. 특히 역할 놀이와 결합될 때 아이들의 몰입도는 더욱 높아지며, 마치 자신이 AI와 직접 소통하고 있다는 실재감을 경험하게 된다.

AI 로봇과 친구 되기

요즘에는 초등학교에서도 쉽게 접할 수 있는 교육용 AI 로봇이 많다. 이러한 로봇은 단순히 움직임을 보여 주는 것을 넘어 아이들과 감정을 주고받는 대화형 로봇으로 발전하고 있다.

대표적인 AI 로봇으로 비봇(Beebot), 오조봇(Ozobot) 등이 있다. 비봇은 방향 버튼을 눌러 이동 경로를 설정할 수 있는 로봇이다. 간단한 알고리즘 학습에 적합하다. 오조봇은 색깔 선을 따라 움직이며, 선의 조합에 따라 명령을 수행한다.

초등학교 2학년 담임 D 교사는 학급에 비봇 네 대를 도입해 '교실 정리 로봇' 수업을 진행했다. 아이들은 책상과 의자 사이의 동선을 분석해 로봇이 쓰레기를 주울 수 있는 가장 효율적인 경로를 고민했다. "로봇이 우리 반을 깨끗하게 해 주니까 고마워요." 한 학생의 말에 이 선생님은 마음이 찡했다고 했다. "그저 도구였던 로봇이 아이들에겐 친구가 되었어요."

이야기로 만나는 AI

초등 저학년은 이야기를 통해 세상을 배우고, 감정을 이해하며, 관계를 익힌다. 그래서 AI 개념도 이야기 구조 속에 녹여 내면 훨씬 쉽게 이해된다.

'AI가 도와주는 동화 쓰기' 활동에서는 "동물 친구들이 길을 잃었어요. AI 친구가 도와준다면?"이라는 상황 제시를 시작으로, 아이들이 직접 AI 캐릭터를 만들고, 그 캐릭터가 문제를 해결하는 이야기를 창작해 나간다. 이

과정에서 이미지 생성 AI를 활용해 배경 그림을 만들고, 이야기의 흐름은 카드로 정리해 발표하는 방식으로 수업이 진행된다. 활동 결과, 아이들은 자신이 만든 AI 캐릭터에 이름을 붙이고 성격을 설정하면서 자연스럽게 이야기 속에 몰입하게 되었다.

한 작은 시골 학교에서 이런 활동을 진행한 E 교사는 수업 후 아이들에게 'AI는 어떤 친구였니?'라고 물었다. "조금 느리지만 착한 친구요" "무조건 칭찬해 주는 친구요!" 교사는 "아이들이 기술보다 'AI의 성격'을 말하고, AI가 감정적 관계의 대상이 되었다는 게 놀라웠어요"라고 말했다.

AI는 정서 발달의 동반자

많은 사람들은 AI가 아이들의 정서에 나쁜 영향을 줄까 걱정한다. 하지만 적절히 설계된 AI 융합 수업은 오히려 정서적 교감과 사회성 향상에 도움을 줄 수 있다.

예를 들어, 친구가 만든 AI 그림을 보고 감상을 말하게 하거나, 감정 인식 로봇에게 위로의 말을 입력해 보는 활동은 공감 능력을 자연스럽게 키워 준다. 특히 낯가림이 심하거나 발표를 어려워하는 학생들이 AI 앞에서는 더 편안하게 이야기하는 모습도 자주 관찰된다.

교사들이 경험한 변화

초등 저학년 담임 교사들이 AI 융합 수업을 시작하고 가장 많이 이야기하는 변화는 "아이들이 정말 몰입해요"라는 것이다.

1학년 담임 F 교사는 로봇을 활용한 이야기 수업을 하고 나서 "아이들이 수업이 끝나도 로봇과 대화를 나누고 싶어 하더라고요. '다음 시간에 또 만나요' 하면서요"라고 했다. 교사는 처음엔 두려웠지만, 이제는 아이들의 반응을 보면 "잘했다"는 확신이 든다고 말했다.

수업 설계 시 유의할 점

AI를 가르칠 때는 아이들이 AI를 하나의 '도구'로 인식하도록 하는 것이 중요하며, AI 자체가 목적이 아니라 문제를 해결하기 위한 수단임을 자연스럽게 느끼게 해야 한다. 또한 '알고리즘'처럼 추상적인 개념은 직접적인 용어보다는 "방법을 정해서 움직이는 거야"처럼 이야기와 경험을 통해 쉽게 풀어 설명하는 것이 효과적이다. 수업은 처음부터 코딩에 접근하기보다는 감정 인식, 경로 이동, 이야기 만들기 같은 쉬운 활동부터 차근차근 시작해 아이들이 AI 개념을 친숙하게 느끼도록 구성하는 것이 좋다. 더불어 로봇이나 AI 캐릭터에 이름을 붙이게 하거나 대화를 나누는 활동을 통해 AI를 친구처럼 느끼게 하면 아이들의 몰입도는 자연스럽게 높아진다.

초등 저학년 교사는 '첫인상'을 만드는 사람이다. 이 시기의 수업은 아이들의 학습 정서에 깊은 흔적을 남긴다. AI와의 만남도 마찬가지다. 이 시기에 AI를 따뜻한 친구, 함께 문제를 해결하는 조력자로 경험한 아이는 미래에도 AI를 경계보다는 '함께할 존재'로 받아들이게 될 것이다.

우리가 아이들에게 줄 수 있는 가장 큰 선물은 지식이 아니라 경험이다. 그리고 그 경험은 놀이처럼 자연스럽고, 이야기처럼 설레며, 친구처럼 가까운 AI 수업 속에서 피어난다.

03
초등학교 고학년 교사와 AI 융합 교육

초등학교 5~6학년은 발달심리학적으로 볼 때 사고의 폭과 깊이가 급격히 확장되는 시기다. 논리적인 추론 능력이 자라며, '왜'와 '어떻게'라는 질문을 본격적으로 던지기 시작한다. 이 시기의 아이들은 아직 놀이를 즐기지만, 동시에 '내가 만든 것'에 대한 성취감을 크게 느끼고, '현실 문제'를 고민하는 시야도 생긴다. 초등 고학년은 AI를 '경험'하는 단계를 넘어, AI를 활용해 문제를 해결하고, 데이터를 수집해 분석하며, 실질적인 응용 결과를 만들어 내는 프로젝트 수업의 출발점이 될 수 있다.

AI와 난임 극복?

왜 고학년에서 AI 실습이 본격화되는가?

고학년은 학습적인 측면에서 여러 가지 장점을 가지고 있다. 먼저, 엔트리(Entry)나 스크래치 같은 블록형 프로그래밍 언어를 이해하고 활용할 수 있을 만큼 기초적인 프로그래밍 개념에 대한 이해력이 형성되어 있다. 또한 협업과 토론 능력이 발달하면서 집단 활동에 능숙해지고, 역할을 분담해 프로젝트를 수행하는 것도 가능해진다. 이 시기의 아이들은 환경 문제, 교통, 안전, 따돌림 같은 사회적 이슈에도 관심을 보이기 시작하며, 자신이 만든 결과물을 발표하고 공유하는 데에서 큰 만족감을 느끼는 등 자기표현 욕구도 강해진다. 이러한 특성들로 인해 고학년 시기는 단순한 체험 중심의 수업에서 벗어나, 목표를 중심으로 한 프로젝트 수업으로 전환하기에 가장 적절한 시기라고 할 수 있다.

교육용 프로그래밍 언어(EPL) 기반 수업

엔트리와 스크래치는 초등 고학년을 위한 대표적인 프로그래밍 교육 플랫폼이다. AI 기능이 내장되거나 확장 블록으로 제공되기 때문에, 아이들이 AI의 동작 원리를 이해하고 직접 설계해 볼 수 있다. 예를 들어, '환경 감시 로봇 만들기' 수업은 기후 변화의 심각성을 이해하고 이를 감시할 수 있는 시스템을 설계하는 것을 목표로 한다. 수업은 웹에서 공기 질 데이터를 가져오는 것부터 시작해, 특정 기준을 초과하면 경고음을 내는 스크래치 애플리케이션을 만드는 활동으로 이어진다. 이후에는 실제 센서와 연동된 오조봇이나 마이크로비트를 활용해 경고등이 켜지는 기능까지 구현해 본다. 이 과정에서 학생들은 "우리 동네 미세 먼지도 감시할 수 있어요?", "그럼 실시간으로 알려 주는 앱을 만들면 어때요?" 같은 반응을 보이며 적극적으로 참여한다.

또 다른 예로, 'AI 책 추천 시스템 만들기' 수업은 개인의 독서 이력을 분석해 AI를 활용한 추천 프로그램을 설계하는 것을 목표로 한다. 먼저 친구들이 좋아한 책에 대해 설문조사를 실시하고, 수집한 데이터를 기반으로 키워드를 분석한 후, GPT를 활용해 요약 문장과 추천 문구를 생성한다. 확장 활동으로는 도서관 포스터를 만들거나, 챗봇 형식의 '책 상담사'를 개발하는 활동으로 연결할 수 있다.

프로젝트 수업 사례

G 교사는 '우리 마을의 안전 지킴이'를 주제로 한 프로젝트형 AI 수업을 설계했다. 이 수업에서 학생들은 4~5명

씩 팀을 이뤄, AI를 활용한 안전 솔루션을 개발하는 과제를 수행했다. 예를 들어, 한 팀은 보행자 신호등의 색을 사진으로 인식해 음성으로 안내하는 '횡단보도 인식 챗봇'을 개발했고, 또 다른 팀은 GPS와 AI 스피커를 활용해 일정 거리 이상 벗어나면 알람이 작동하는 '실종 예방 팔찌'를 만들었다. 또한 학급 대화문을 AI에게 학습시켜 부정적인 언어를 탐지하는 '학교 폭력 감정 탐지 시스템'을 개발한 팀도 있었다.

수업이 끝난 후, 아이들은 각자의 결과물을 PPT로 정리해 'AI 엑스포'를 열고, 학부모와 교직원 앞에서 직접 발표하는 시간을 가졌다. 이 과정에서 학생들은 "진짜 발표자가 된 것 같아요"라고 말하며 높은 성취감을 느꼈고, 일부 학부모는 "아이들이 이렇게 논리적으로 말하는 모습을 처음 본다"라며 깊은 인상을 받았다.

협업과 문제 해결 능력의 강화

AI 융합 수업은 고학년 학생들에게 단순한 지식 전달을 넘어 다양한 핵심 역량을 자연스럽게 길러 주는 데 큰 역할을 한다. 이 수업을 통해 학생들은 문제를 해결하는 다양한 방안을 고민하면서 창의적 사고를 기르게 되고, 프로그래밍 과정에서 순서, 조건, 반복 등의 개념을 익히며 논리적 사고력을 키운다. 또한 역할을 나누고 함께 프로젝트를 수행하는 과정 속에서 협업 능력과 의사소통 역량이 향상되며, 스스로 학습하고 실험하며 피드백을 반영하는 과정을 통해 자기 주도성도 함께 자라난다. 더불어 데이터 해석, 정보 검색, AI 결과에 대한 이해 같은 활동을 통해 디지털 문해력이라는 디지털 시대에 꼭 필요한 능력도 함께 습득하게 된다.

실생활과 연결된 수업이 가장 강하다

초등학교 K 교사는 'AI 쓰레기 분류 도전' 프로젝트를 진행했다. 학생들은 플라스틱, 종이, 음식물, 일반 쓰레기를 이미지로 수집해 티처블 머신으로 학습시켰고, 학급 쓰레기통에 실제로 분류 스티커를 붙여 실험했다. "쓰레기를 그냥 버리던 아이들이 이제는 AI 눈치를 봐요", "내가 만든 AI가 지켜보고 있어요!"라는 농담은 수업이 남긴 유쾌한 흔적이었다.

진로 교육과의 접목

5~6학년 학생들은 자신이 좋아하는 것과 잘하는 것에 대해 본격적으로 탐색하기 시작하는 시기로, AI 프로젝트는 이러한 관심사를 진로 교육과 자연스럽게 연결할

수 있는 훌륭한 매개가 된다. 예를 들어, 기자를 꿈꾸는 학생은 AI 음성 인식 기술을 활용해 뉴스 리포팅 앱을 제작하고, 요리사에 관심 있는 학생은 재료 사진을 인식해 요리를 추천하는 시스템을 만드는 프로젝트에 참여할 수 있다. 또한 수의사를 희망하는 학생은 반려동물의 감정을 인식하는 챗봇을 개발하는 활동을 통해 자신의 꿈을 구체화해 볼 수 있다. 이러한 경험은 아이들에게 '나의 관심사'가 'AI 기술'과 어떻게 연결될 수 있는지를 이해하게 해 주며, 기술을 자신만의 언어로 해석하고 표현하는 소중한 기회를 제공한다.

교사와 학생이 함께 성장하는 수업

초등 고학년은 이제 교사와 학생이 '배움의 동료'가 되어 가는 시기다. AI 융합 교육은 교사도 끊임없이 배우고 실험하게 만들며, 그 모습 자체가 아이들에게 배움의 태도를 보여 주는 최고의 교육이 된다.

> "제가 다 모르는 걸 같이 찾아가는 것도 괜찮더라고요." "아이들이 선생님을 '공동 탐험가'로 대할 때, 진짜 교실 같다는 생각이 들었어요."

이런 고백은 단순히 수업 변화가 아닌, 교육 철학의 진화를 보여 준다.

초등학교 고학년 교사들은 이제 '수업의 설계자'가 아니라 '미래를 함께 여는 동료'가 되어 가고 있다. AI는 복잡하고 어려운 기술처럼 보이지만, 결국 핵심은 그것을 아이들과 어떻게 연결할지를 고민하는 교사의 마음이다. AI는 '도구'일 뿐이다. 하지만 그 도구를 통해 아이들이 세상을 다르게 보고, 자신을 표현하며, 함께 문제를 해결하려는 경험을 한다면, 그것은 AI를 넘어 교육 그 자체가 된다.

04
과목을 AI에 특화하는 중등 교사

중등 교사는 대부분 자신이 전공한 특정 교과 하나를 깊이 있게 가르친다. 이는 교과에 대한 전문성과 자긍심이 뚜렷하다는 뜻이기도 하다. 그러나 바로 그 점이 AI 융합 교육을 처음 시도하는 데 장애가 되기도 한다. 하지만 교과는 도구가 아니라 '세계와의 창'이다. AI는 그 창을 더 넓히는 도구지 닫아 버리는 기술이 아니다. AI 융합 교육이란 교과의 본질을 흐리는 것이 아니라 교과의 본질을 확장하는 시도다. AI를 통해 교과가 살아 움직이고, 학생들이 더 몰입하며, 세상과 연결되는 경험을 할 수 있다면 그것은 교사로서 마다할 이유가 없다.

AI와 사주?

수학 교사와 AI: 정답보다 과정의 힘을 가르치다

수학은 AI와 가장 자연스럽게 연결되는 교과다. AI의 기본 원리인 알고리즘, 통계, 모델링, 함수, 행렬 등은 모두 수학과 깊이 연결되어 있다.

수업 사례로 파이썬(Python)으로 배우는 확률의 세계가 있다. 수학 교사 H 씨는 확률 단원에서 파이썬을 도입했다. 학생들은 주사위 게임의 승률을 직접 시뮬레이션해 보고, '이론적 확률'과 '실험적 확률'의 차이를 분석했다. 이후 같은 알고리즘을 바탕으로 '로또 당첨 예측기 만들기' 미니 프로젝트도 수행했다.

"코딩을 처음 해 보는 아이들이었지만, 수학 개념이 왜 필요한지 몸으로 체험한 시간이었습니다." AI는 개념이 아니라 '경험'으로 수학을 가르칠 수 있는 도구였다. 대표적인 도구로 구글 코랩(Google Colab, 파이썬 실습), 지오지브라(GeoGebra) + AI 기능, 넘파이(NumPy), 판다스(Pandas) 등 기본 통계 라이브러리 등이 있다.

과학 교사와 AI: 실험, 데이터, 그리고 예측

물리학, 화학, 생명과학, 지구과학의 교과별로 AI를 적용할 수 있는 영역은 매우 넓다. 특히 실험 결과를 자동 수집하고 분석하는 활동은 과학의 탐구 과정을 더 깊게 만들어 준다.

수업 사례로 식물 생장 예측 프로젝트가 있다. 생명과학 교사 I 씨는 '빛의 세기와 식물 생장'을 주제로 AI 프로젝트 수업을 설계했다. 학생들은 조도 센서와 온습도 센서를 이용해 데이터를 수집하고, 이를 시계열 데이터로 가공해 생장의 예측 모델을 만들었다. "기계가 생장을 예측해 주는 게 아니라, 우리가 만든 알고리즘이 예측한 거예요." 학생들은 과학과 AI의 융합을 통해 데이터를 '읽는 힘'을 키웠다. 대표적인 도구로 아두이노(Arduino) + 센서 키트, 파이썬의 맷플롯립(Matplotlib), 사이킷런(scikit-learn), 캐글(Kaggle) 데이터 활용 등이 있다.

국어 교사와 AI: 말과 글을 살리는 도구

AI는 텍스트를 이해하고 생성하는 데 특화되어 있다. 따라서 국어야말로 AI의 강점을 가장 창의적으로 활용할 수 있는 분야 중 하나다.

수업 사례로 AI에게 문학 분석 맡기기가 있다. 국어 교사 J 씨는 학생들에게 〈봄봄〉과 〈운수 좋은 날〉의 감정 흐름을 AI에게 분석하게 했다. AI는 각 작품의 문장 구조와 감정 키워드를 분석해 도표로 나타냈고, 학생들은 이를 보고 직접 감상문을 수정해 보았다. "AI가 감정 흐름을 수치로 보여 주니, 감정선에 대한 논의가 더 깊어졌어요."

수업 적용할 수 있는 추가 아이디어로 GPT를 활용한 시 창작, 텍스트 유사도 분석을 통한 토론 글 피드백, 요약 기능으로 토론 주제 정리 등이 있다.

영어 교사와 AI: AI는 언어 학습의 동반자

영어는 말하기, 듣기, 읽기, 쓰기 네 영역 모두에서 AI 활용이 가능하다.

수업 사례로 AI 회화 코치가 있다. 영어 교사 K 씨는 챗봇과의 인터뷰 활동을 수업에 적용했다. 학생들은 자신이 되고 싶은 직업인(기자, 요리사, 프로게이머 등)이 되어 AI와 영어로 인터뷰를 나눴고, 이를 영상으로 기록했다. "기계라서 창피하지 않고 말할 수 있었어요." 학생들의 말처럼 AI는 두려움 없이 연습할 수 있는 훌륭한 언어 파트너다. 대표적 추천 도구로 엘사(ELSA Speak, 발음 교정), 토크팰(TalkPal), 챗GPT + 번역기, 그래멀리(Grammarly), 퀼봇(QuillBot) 등 피드백 도구가 있다.

사회 교사와 AI: 데이터로 읽는 세계

사회 과목은 AI를 통해 '현상을 분석하고 이해하는 힘'을 키워 주는 데 매우 효과적이다. 수업 사례로 도시 문제를 데이터로 분석하기가 있다. 사회 교사 L 씨는 '도시화' 단원에서 각 지역의 인구 변화 데이터를 수집하고, 이를 시각화하는 활동을 했다. 이후 AI 챗봇에게 인구 밀도와 환경 오염 간 상관관계에 대해 질문을 던져 가며, 각자의 주장에 근거를 더해 가는 토론으로 발전시켰다.

"단순히 암기하는 사회가 아니라, 살아 있는 사회로 가는 수업이었어요."

예체능 교사와 AI: 감각과 기술의 융합

AI는 더 이상 '이과 전용 기술'이 아니다. 미술, 음악, 체육 등 감각 기반 교과에서도 AI는 새로운 창작의 문을 열어 준다. 미술 수업 사례로 AI와 그림 그리기가 있다. 중학교 미술 교사 M 씨는 미드저니(Midjourney)를 활용해 'AI와 나의 상상 여행' 수업을 진행했다. 학생들은 키워드를 입력해 생성된 이미지 중 하나를 골라, 그것을 바탕으로 콜라주 작품을 제작했다. "AI는 붓을 들지 않아도 이미지를 그려요. 그런데 아이들은 그 이미지로 더 깊은 이야기를 만들어요."

음악 수업 사례로 AI 작곡 도전기가 있다. 음악 교사 N 씨는 학생들에게 수노(Suno)나 아이바(AIVA) 같은 AI 작곡 도구를 소개하고, '나만의 배경 음악 만들기' 프로젝트를 진행했다. "처음엔 장난 같았지만, 점점 곡의 분위기를 분석하고 구조를 바꾸더라고요. 음악을 듣는 눈이 달라졌어요."

AI 융합 교육의 실제적 어려움

중등 교사들이 AI 수업을 진행하면서 가장 많이 호소하는 어려움은 크게 세 가지로 나눌 수 있다.

먼저, 교과 진도와 시간 배분의 문제는 AI 수업을 정규 수업과 별도로 구성하기 어렵게 만드는데, 이를 해결하기 위해서는 소단원이 끝난 후 심화 활동이나 수행 평가의 형태로 AI 요소를 자연스럽게 삽입하는 전략이 필요하다.

둘째, AI 도구에 익숙하지 않다는 점은 교사의 수업 설계에 제약을 주는 요인이 되며, 이를 극복하기 위해서는 교사 연수와 함께 공동 수업 개발을 장려하고, 정보 교사와의 협업을 적극 활용하는 것이 효과적이다.

셋째, 학생 간 수준 차이 문제는 수업 참여의 불균형을 초래할 수 있으나, 조별 프로젝트 방식으로 진행하면 서로의 강점을 살리며 개별 수준의 차이를 보완할 수 있다.

이러한 난관들을 효과적으로 극복하기 위해서는, 교과 수업 안에 새로운 활동을 억지로 추가하기보다는 기존의 수업 요소를 AI 기반 활동으로 '대체'하는 접근이 중요하다. 즉, AI를 활용한 수업을 '더하는 것'이 아니라, 기존 활동을 AI로 '바꾸는 것'이 AI 융합 수업의 성공적인 실행을 위한 핵심 전략이다.

교사의 변화, 교육의 변화

"AI가 제 수업을 흔들 줄은 몰랐어요", "처음엔 위협처럼 느꼈는데, 지금은 동료예요", "아이들이 먼저 저에게 알려 줘요. 저는 그걸 가르치는 게 아니라 함께 배우는 입장이 되었어요."

이런 고백은 기술이 교사를 대체하는 것이 아니라, 교사의 역할을 다시 재정의하고 확장하고 있음을 보여 준다.

중등 교사는 전문성과 교과 철학이 뚜렷한 교육자들이다. AI 융합 교육은 그 전문성을 흐리는 것이 아니라, 교과가 세상과 연결되는 새로운 문을 여는 기회가 된다.

과목은 다르지만, 교육의 목적은 같다. 아이들이 더 넓은 세계를 보고, 더 깊이 생각하고, 더 창의적으로 표현하는 힘을 갖도록 돕는 것. 그 길 위에 AI가 있다면, 그것은 두려움이 아니라 가능성이다.

05
수학 교사와 AI 융합 교육

"AI는 결국 수학이잖아요." 이 말은 반은 맞고, 반은 틀리다. 맞는 이유는 AI의 핵심이 수학적 모델링과 통계, 함수, 행렬 등에 기반하고 있기 때문이다. 틀린 이유는 수학은 단순히 계산과 논리의 기술을 넘어, 사고의 방식이고, 문제를 해결하는 힘이기 때문이다. 수학 교사는 AI 시대에 중요한 교육자로 떠오르고 있다. AI의 수학적 원리를 가장 잘 설명할 수 있는 사람, AI를 통해 수학의 실용성과 의미를 드러낼 수 있는 사람, 수학적 사고가 단순한 정답 맞히기가 아니라 현실을 바꾸는 도구가 될 수 있음을 보여 줄 수 있는 사람. 바로 수학 교사다.

AI와 아이돌?

수학과 AI, 가장 논리적인 만남

AI는 수학 없이는 존재할 수 없다. 데이터 분석, 함수 모델링, 회귀 알고리즘, 신경망 구조, 확률 분포, 행렬 연산 등이 모든 AI 기술은 고등학교 수준의 수학과 직결되어 있다.

하지만 지금까지의 수학 수업은 수학이 '기술의 기초'라는 정체성을 자주 잊곤 했다. 학생들에게는 문제를 빠르게 풀기 위한 공식, 수능을 위한 전략, 정답 중심의 사고만이 강조되었다.

AI 시대의 수학 교육은 '정답보다 과정', '공식보다 사고'에 방점을 찍어야 한다. 수학의 본질을 회복하는 교육이야말로 AI 시대의 수학 교사에게 가장 필요한 사명이다.

인공지능 수학 교과의 등장

2020년부터 '인공지능 수학'이라는 선택 과목이 신설되었다. 이 과목은 기존 수학 과목과 달리, 실제 데이터 분석, 알고리즘 설계, 파이썬 실습 등을 포함하며, AI를 실질적으로 다루는 수학적 도구들을 가르친다.

이 교육 과정은 기초 수학 개념의 복습에서부터 시작해, 함수, 수열, 확률 등 주요 내용을 다진 후 파이썬 언어의 기초 문법과 실습을 통해 프로그래밍 역량을 키우는 데 중점을 둔다. 이어서 맷플롯립(Matplotlib) 등을 활용한 데이터 시각화 기법을 배우고, 선형 회귀 및 로지스틱 회귀 모델을 직접 구현해 보며 AI 모델의 수학적 원리를 체계적으로 이해하도록 구성되어 있다.

고등학교에서는 이 과목을 중심으로 '기후 예측 모델' 프로젝트를 진행했다. 학생들은 기상청 데이터를 수집하고, 평균 기온 변화량을 함수로 표현하며 미래 날씨를 예측해 보았다. 수학은 더 이상 문제 풀이의 기술이 아니라, 현실을 분석하고 예측하는 언어가 되었다.

단원별 AI 융합 수업 사례

AI 융합 수업에서는 수학의 다양한 개념을 실제 인공지능 기술과 연결해 학습할 수 있도록 구성할 수 있다.

먼저, 함수는 선형 회귀나 비선형 모델링 같은 AI 기법과 직접적으로 연결되며, 예를 들어 '유튜브 조회 수 예측하기' 프로젝트에서는 조회 수 데이터를 기반으로 시간에 따른 증가율을 함수로 모델링하고, 회귀선을 활용해 향후 조회 수를 예측해 보는 활동을 진행할 수 있다.

확률과 통계는 머신 러닝, 조건부 확률, 베이지안 모델과 연계되며, '스팸 메일 분류기 만들기' 수업에서는 단어의 출현 빈도와 확률을 기반으로 해당 메일이 스팸인지 아닌지를 예측하는 활동을 통해 실제 AI 분류기의 원리를 체험할 수 있다.

행렬은 이미지 데이터 처리 및 신경망의 기초 구조와 관련되어 있으며, '이미지 필터 만들기' 프로젝트에서는 행렬의 곱셈 연산을 활용해 이미지의 흐림이나 선명 효과를 구현하며 AI의 기초 연산 원리를 익힐 수 있다.

마지막으로, 수열은 반복 구조나 시계열 분석과 관련이 깊어, '기온 예측 프로그램' 활동에서는 하루 단위 기온 변화 데이터를 분석하고, 이를 바탕으로 예측 알고리즘을 구현함으로써 시계열 기반 AI 모델을 이해하는 경험을 제공할 수 있다.

파이썬으로 살아 있는 수학 수업 만들기

AI와 수학을 연결하는 데 가장 효과적인 도구는 파이썬이다. 파이썬은 간결한 문법과 수학에 특화된 라이브러리들로 인해 교육용으로도 최적이다.

이 과정에서는 다양한 실습 도구들을 활용해 AI와 데이터 분석을 효과적으로 학습할 수 있도록 구성되어 있다. 넘파이(NumPy)는 배열과 행렬 연산을 위한 기본 도구로, 수치 계산의 기초를 다지는 데 활용된다. 판다스

(Pandas)는 표 형태의 데이터를 효율적으로 처리하고 분석할 수 있게 해주며, 맷플롯립과 시본(Seaborn)은 데이터를 시각적으로 표현하는 데 사용되어 통찰력 있는 분석 결과를 도출하는 데 도움을 준다. 마지막으로, 사이킷런(scikit-learn)은 다양한 머신 러닝 모델을 손쉽게 구현하고 실험해 볼 수 있는 라이브러리로, 실제 AI 모델 개발의 전 과정을 실습할 수 있도록 지원한다.

N 교사는 '로또 번호 시뮬레이터 만들기'를 수업 프로젝트로 진행했다. 학생들은 난수 생성기를 활용해 무작위 번호를 만들고, 당첨 확률을 반복적으로 계산했다. 수업 후 "이론보다 실제를 돌려보는 게 더 흥미로웠다"라는 반응이 많았고, "확률은 이럴 때 쓰이는 거구나"라는 깨달음도 이어졌다.

수학적 윤리와 AI 판단

AI가 내린 판단은 과연 옳은가? 모델이 학습한 데이터는 공정한가? 수학 교사는 이러한 질문을 학생들과 나눌 수 있어야 한다.

예를 들어, 부정 행위 탐지 AI가 90%의 정확도를 보인다고 하자. 하지만 그 10%에 억울한 학생이 포함된다면? 학생들은 정확도, 민감도, 정밀도 등 수학적 개념을 통해

AI의 한계를 따져볼 수 있다.

이것은 단순한 수학 수업이 아니다. 수학을 통해 윤리적 판단을 훈련하는 인문학적 교육이다.

수학 교사의 역할 재정의

수학 교사가 AI 시대에 맡아야 할 역할은 단순히 개념 전달자가 아니다.

수학 교사는 AI를 통해 수학의 가치를 복원하는 사람, AI 모델을 비판적으로 바라보게 하는 안내자, 수학과 현실을 연결해 주는 해석자다.

고등학교 수학 교사 O 씨는 이렇게 말했다. "AI는 수학 교사의 적이 아니에요. 수학의 존재 이유를 설명해 주는 동료예요." 그는 학생들에게 "기계는 공식대로 움직인다. 너희는 어떻게 판단할래?"라고 묻는다. 그 질문 하나가 수학 교사로서의 철학을 보여 준다.

수능 수업과 AI 수업의 병행 전략

"수능이 있는데 AI 수업은 언제 하나요?" 많은 교사들의 현실적인 고민이다. 이에 대해 다음과 같은 병행 전략이 효과적이다. AI 교육은 정규 수업과 유기적으로 연계해 다양한 방식으로 적용할 수 있다. 예를 들어, 수능 개념

학습 후에는 확률 단원을 마친 뒤 시뮬레이션 프로젝트를 진행함으로써 수학 개념을 AI 활동과 연결해 볼 수 있다. 또한 파이썬 실습을 수행 평가 과제로 활용하면 내신 성적과도 자연스럽게 연계할 수 있어 학습 동기를 높일 수 있다. 더 나아가, 방과 후 수업이나 동아리 활동으로 운영하면 심화 학습은 물론 진로 탐색까지 확장할 수 있어 AI 교육의 효과를 더욱 높일 수 있다.

P 선생님은 'AI 수학 동아리'를 개설해 매주 한 시간씩 학생들과 미니 프로젝트를 진행하고 있다. 짧은 시간에도 학생들은 직접 모델을 만들고, 친구들과 토론하며 배움을 확장하고 있다.

수학은 AI의 언어다. 그러나 그 언어를 해석하고 의미를 부여하는 것은 '사람'이다. 그리고 그 사람은 바로 수학 교사다.

당신은 정답만 가르치는 사람이 아니다. 당신은 논리와 정의, 질문과 해석을 통해 아이들에게 '생각하는 법'을 가르치는 사람이다.

AI는 수학 교사의 시대를 다시 열고 있다. 계산이 아니라 사고, 풀이가 아니라 판단, 공식을 넘은 통찰, 그 모든 것이 수학 교사의 교실에서 다시 살아날 수 있다.

06
과학 교사와 AI 융합 교육

과학 수업은 언제나 학생들의 호기심을 자극하는 대표적인 교과다. 하지만 현실은 복잡하다. 기초 실험 장비 부족, 시간 제약, 이론 중심 수업, 정형화된 평가 방식 등으로 인해 과학이 '탐구'보다 '암기'로 인식되는 경우가 많다. 이런 상황에서 AI는 과학 교사들에게 매우 유의미한 대안이 될 수 있다. 단순히 도구를 넘어, 과학적 탐구의 확장, 실험과 데이터 기반 사고의 심화, 학생 주도적 문제 해결 학습을 가능하게 한다.

AI와 야구?

과학과 AI는 닮았다

과학은 데이터를 관찰하고, 가설을 세우며, 실험을 통해 검증하고, 이론을 일반화한다. AI도 데이터를 수집하고, 패턴을 학습하며, 예측 모델을 생성하고, 그 정확도를 검증한다.

즉, 과학과 AI는 사고의 구조가 매우 유사하다. 이 때문에 과학 교과는 AI와 자연스럽게 융합되기 좋은 토양을 갖고 있다. 물리, 화학, 생명과학, 지구과학 등 다양한 분야별로 AI를 접목할 수 있는 아이디어도 풍부하다.

물리학 교과와 AI: 힘과 운동의 시뮬레이션

AI를 활용한 물리 수업은 등가속도 운동, 충돌, 파동, 전기 회로 등 다양한 영역에 적용할 수 있다. 예를 들어, 고등학교 Q 물리 교사는 '등가속도 운동' 단원에서 AI 시뮬레이션을 도입해 "자율주행차 속도 예측 프로젝트"를 진행했다. 이 수업에서 학생들은 자동차가 일정 구간을 달릴 때 가속도를 변화시켰을 때 도착 시간이 어떻게 달라지는지를 파이썬 코드로 모델링하며 개념을 체계적으로 탐구했다. 이후에는 실제 자율주행차의 주행 데이터를 활용해 충돌 가능성을 예측하는 프로젝트로 확장함으로써, 물리 개념을 현실 문제와 연계하는 경험을 제공했다.

학생들은 "공식을 외우는 게 아니라, 직접 실험하고 그걸 다시 수학과 AI로 확인하니 훨씬 깊은 이해가 가능했다"라고 소감을 밝혔다. 이러한 수업을 효과적으로 구현하기 위한 도구로는 펫(PhET) 시뮬레이션, 파이썬의 맷플롯립(Matplotlib) 및 넘파이(Numpy), 티처블 머신 등이 추천된다.

화학 교과와 AI: 반응과 변화를 읽는 도구

AI 기술은 화학 수업에서도 반응 속도, 농도 변화, 화학 결합, 주기율표 등 다양한 개념을 탐구하는 데 효과적으로 활용될 수 있다. 고등학교 화학 교사 R 씨는 '반응 속도와 농도' 단원에서 AI 기반의 데이터 모델링을 수업에 도입했다. 실험 시간이 제한적인 현실적인 어려움을 극복하기 위해 다양한 온도와 농도 조건에서 측정된 반응 속도 데이터를 학생들에게 제공한 후, 이 데이터를 바탕으로 선형 회귀 모델을 구성해 새로운 조건에서의 반응 속도를 예측하는 활동을 진행했다. R 교사는 "AI 덕분에 실험 조건을 무한히 확장할 수 있었어요. 실제 실험실에서는 어려운 조건을 가상 환경에서 체험하게 되니까 수업의 깊이가 달라졌습니다"라고 말하며, AI가 제공하는 확장성과 학습의 몰입도를 강조했다.

생명과학 교과와 AI: 복잡한 생명 현상의 이해

AI는 생명과학 수업에서도 유전자 분석, 세포 주기, 감각과 신경계, 생태계 등 다양한 영역에 효과적으로 적용될 수 있다. 고등학교에서 생명과학을 가르치는 S 교사는 '유전자와 질병' 단원에서 AI 기반의 유전자 데이터 분석 수업을 설계했다. 이 수업에서는 실제 암 환자의 유전자 변이 데이터를 일부 제공하고, 학생들이 머신 러닝 기법을 활용해 질병 발생 가능성을 예측해 보는 프로젝트를 진행했다.

학생들은 데이터 정제, 변수 추출, 학습·테스트 세트 분할, 모델 정확도 평가 등 실제 AI 개발 과정을 체험하며 이론을 넘어선 실질적인 분석 역량을 키울 수 있었다. 수업을 마친 학생들은 "교과서보다 훨씬 복잡한 진짜 세상을 경험한 것 같아요", "과학이 진짜 사람의 생명과 연결되어 있다는 걸 느꼈어요"라고 말하며, 과학의 실제적 의미와 AI의 활용 가능성에 깊이 공감하는 반응을 보였다.

지구과학 교과와 AI: 데이터로 읽는 행성과 환경

AI는 지구과학 수업에서도 기후 변화, 지진 예측, 천체의 움직임, 대기 현상 등 다양한 주제에 효과적으로 적용될 수 있다. 중학교 지구과학 교사 S 씨는 '기후 변화와 예측' 단원에서 날씨 데이터를 활용한 AI 수업을 기획했다. 이 수업에서는 기상청에서 제공하는 기온, 습도, 풍속 데이터를 판다스(Pandas)로 분석하고, 학생들이 이를 바탕으로 간단한 회귀 모델을 구축해 미래의 기온을 예측하는 활동을 진행했다. 수업의 마지막 시간에는 예측 결과를 바탕으로 학생들이 AI 기상 캐스터로 변신해 직접 발표하는 프로젝트가 이어졌고, 이를 통해 학습의 몰입도와 성취감을 높였다. 수업에 참여한 학생들은 "과학적 사고력과 발표력이 함께 길러지는 수업이었습니다", "데이터로 기후 위기를 설명할 수 있다는 걸 처음 느꼈어요"라고 소감을 전하며, 과학적 탐구와 실생활 적용의 의미를 동시에 느낄 수 있었다.

과학 교사의 교육 철학과 AI

AI가 과학 교육에 스며들수록, 교사의 역할도 새롭게 정의된다. 과학 교사는 탐구 과정을 설계하는 안내자, 데이터 기반 사고를 돕는 코치, 기술의 한계와 윤리를 함께 성찰하는 멘토 등의 역할을 수행하게 된다.

과학 교사 T 씨는 이렇게 말한다.

"AI는 과학 수업을 기술 중심으로 만들지 않아요. 오히려 학생이 중심이 되고, 교사는 질문을 던지는 사람으로 변하죠."

AI는 교사의 지위를 위협하는 것이 아니라, 교사를 더 교육자답게 만들어 주는 매개체다.

과학 교실의 현실과 AI의 역할

AI 융합 수업을 진행하는 데에는 여러 가지 현실적인 어려움이 존재하지만, 적절한 대안을 통해 극복할 수 있다.

첫째, 실험 장비의 부족은 AI 기반의 가상 실험 시뮬레이션이나 온라인 데이터 공유를 통해 충분히 대체할 수 있어, 실험 환경이 갖춰지지 않은 상황에서도 효과적인 수업이 가능하다.

둘째, 수업 시간의 부족 문제는 소단원 마무리 활동으로 AI 프로젝트를 통합하거나, 방과 후 프로그램 및 수행평가로 연계해 유연하게 운영함으로써 해결할 수 있다.

셋째, 교사의 전문성 부족은 정보 교사 등 타 교과 교사와의 협업을 통해 보완할 수 있으며, 정기적인 연수와 공동 수업 연구 활동을 통해 지속적인 역량 강화를 도모하는 것이 필요하다.

AI는 도입 초기에 다소 낯설 수 있지만, 기본적인 데이터 시각화, 예측, 시뮬레이션만으로도 과학 수업의 깊이를 확장할 수 있다.

스팀 수업과 AI 융합의 가능성

AI는 과학 교과에만 국한되지 않는다. 스팀(STEAM) 수업과 결합하면, 융합적 사고, 문제 해결력, 창의성까지 함께 키울 수 있다. 예를 들어, "도시의 미세 먼지를 줄이는 방법"을 주제로 스팀 프로젝트를 진행하면,

과학: 센서로 공기 질 측정.

수학: 수치 분석 및 예측 모델.

기술: 아두이노(Arduino)로 공기 청정 시스템 제작.

예술: 시각화된 결과를 포스터로 표현.

AI: 예측 모델과 대시보드 구성.

이처럼 AI는 과학을 다른 교과와 연결하는 다리 역할을 할 수 있다.

학생의 반응과 교사의 보람

"처음엔 그냥 흥미로운 기술이라고만 생각했는데, 수업을

하다 보니 진짜 미래랑 연결되어 있는 느낌이었어요."

"데이터가 눈앞에 있으니까, 과학이 더 현실적으로 다가왔어요."

"AI랑 공부하는 건 낯설었지만, 저도 뭔가를 만든다는 기분이 들었어요."

교사들은 학생들의 이런 반응에 놀라고, 감동한다. 단순히 실험 보고서 하나를 써 내던 학생들이, 이제는 데이터 분석, 시각화, 발표까지 능동적으로 해 내는 모습은 과학 교육의 새로운 가능성을 보여 준다.

과학은 사실을 기반으로 하지만, 상상력 없이는 진보할 수 없다. AI는 그 상상력의 도구가 되어 준다. 보이지 않던 것을 시각화하고, 예측하고, 설명하는 힘. 그 힘은 과학 교사의 교실 안에서 아이들에게 생명을 얻게 된다.

당신은 실험 장비가 없어도, 프로그래밍에 능숙하지 않아도, 과학 교사로서의 호기심과 아이들을 향한 사랑이 있다면, AI는 당신의 교육을 더 풍성하게 만들 수 있다. 이제 AI와 함께, 과학 교실을 다시 상상해 보자. 탐구의 세계는 더 넓어졌고, 당신은 그 세계의 중심에 있다.

07
영어 교사와 AI 융합 교육

"영어는 언어인데, AI랑 무슨 상관이 있죠?" AI 융합 교육을 처음 접한 영어 교사들이 자주 던지는 질문이다. 어쩌면 당연하다. 언어는 감정과 맥락, 문화가 살아 있는 유기체다. 기계적으로 접근하기엔 너무 섬세하고 복잡하다. 그러나 시대가 바뀌었다. AI는 이제 문법을 체크하고, 발음을 평가하며, 문장을 이어 주는 수준을 넘어, 대화 상대가 되고, 글쓰기 코치가 되며, 문화적 감수성까지 반영하는 존재로 발전했다. 이 변화는 영어 교실에 놀라운 기회를 제공한다.

AI와 윤동주?

영어 교육의 4영역과 AI

영어 교육은 일반적으로 말하기(Speaking), 듣기(Listening), 읽기(Reading), 쓰기(Writing)의 네 영역으로 나뉜다. 각 영역은 독립적이면서도 상호작용하며, AI는 각각의 영역에서 핵심적인 도구로 활용될 수 있다.

AI를 통해 영어 수업은 더 개인화되고, 피드백 중심적이며, 흥미를 끌 수 있는 활동 중심 수업으로 진화할 수 있다.

말하기: AI가 대화 상대가 되어 줄 때

과거 영어 말하기는 녹음기 앞에서 대사를 외우는 것이 전부였다. 하지만 오늘날 학생들은 챗봇과 자유롭게 대화하고, 발음 평가 앱을 통해 피드백을 받으며, 인터뷰 대본을 스스로 작성하고 연습할 수 있다.

중학교의 U 영어 교사는 중학교 3학년 학생들과 함께 'AI 챗봇 인터뷰' 프로젝트 수업을 진행했다. 이 수업에서 학생들은 요리사, 유튜버, 과학자 등 자신이 선택한 직업을 주제로 AI 챗봇과 영어로 1:1 인터뷰를 진행하며 실용적인 의사소통 능력을 길렀다.

한 학생은 "AI가 제가 한 말을 바로 받아 주고, 다시 질문하니까 진짜 인터뷰 같았어요!"라고 말했으며, 또 다른 학생은 "틀려도 AI가 놀리지 않으니까, 더 용기 내서 말할 수 있었어요"라고 소감을 밝혔다. 이 활동은 단순한 말하기 연습을 넘어 실제 상황에 기반한 의사소통 훈련으로 확장되었다.

이러한 수업을 효과적으로 운영하기 위해 활용할 수 있는 도구로는 토크팰(TalkPal), 엘사 스피크(ELSA Speak), 구글(Google)의 텍스트투스피치(Text-to-Speech), 챗GPT 등이 추천된다.

듣기: AI 음성 기술과 몰입형 청취

듣기 영역에서는 AI의 음성 변환, 자동 자막 생성, 속도 조절 기능이 강력한 도구가 된다.

학생들은 뉴스 클립, 인터뷰, 영화 대사를 AI 기술로 손쉽게 반복 청취하고, 실시간으로 자막을 확인하며 이해도를 높일 수 있다.

V 교사는 'AI 뉴스 듣고 요약하기' 수업을 통해 영어 듣기 수업의 새로운 방향을 제시했다. 이 수업에서는 AI 음성 변환 도구를 활용해 BBC 뉴스의 오디오를 텍스트로 변환한 후, 학생들이 그 내용을 요약하고 주요 키워드를 찾는 활동을 진행했다. 이어서 AI가 생성한 대본을 바탕으로 학생들이 직접 퀴즈를 만들고, 친구들과 문제를

출제하고 풀이하며 협력 학습이 자연스럽게 이뤄졌다. 이처럼 단순히 듣고 끝나는 수업이 아니라, 듣고 사고하며 말하는 활동으로 확장됨으로써 영어 듣기 수업의 깊이와 참여도를 동시에 높일 수 있었다.

읽기: AI와 함께 맥락을 파악하다

AI는 학생이 읽는 텍스트에 대한 배경지식, 주요 어휘, 주제, 감정의 흐름 등을 시각화하거나 요약해 줄 수 있다. 이러한 기능은 학생들의 독해 능력을 향상하는 데 매우 효과적이다.

고등학교 V 교사는 영어 소설 《The Giver(기억 전달자)》를 활용한 "AI로 소설 속 인물 분석하기" 수업을 통해 문학 독해에 AI를 접목한 새로운 시도를 진행했다. 이 수업에서 학생들은 소설 속 특정 장면을 선택하고, 등장인물이 왜 그런 선택을 했는지에 대해 챗GPT에 질문을 던지며 인물의 행동과 동기를 탐색했다. 이후 AI의 답변을 바탕으로 학생들 간의 토론이 이어졌고, 이를 통해 수업은 단순한 '읽고 해석하는 활동'을 넘어, 비판적 독해와 깊이 있는 토론으로 확장될 가능성을 보여 주었다.

쓰기: 에세이 첨삭 AI와의 협업

쓰기 영역은 AI가 가장 활발하게 적용되고 있는 분야 중 하나다.

학생이 쓴 글을 AI가 바로 피드백하고, 문법 오류를 짚어 주며, 더 나은 문장을 제안한다.

영어 교사 W 씨는 고등학교 2학년 학생들과 함께 '환경 문제'를 주제로 영어 에세이 쓰기 수업을 진행했다. 이 수업에서는 학생들이 초안을 작성한 뒤, 그래멀리(Grammarly)와 챗GPT를 활용해 문장을 스스로 수정하고, 이어서 교사로부터 2차 피드백을 받는 과정을 거쳤다.

학생들은 "혼자 쓸 때보다 훨씬 다양한 표현을 배울 수 있었어요", "AI가 저한테 맞는 수준으로 고쳐 줘서 재미있게 썼어요"라고 말하며, AI 도구를 활용한 글쓰기 학습이 자기표현력 향상과 학습 동기 부여에 긍정적인 영향을 주었음을 보여 주었다. 이처럼 'AI 라이팅 코치(AI Writing Coach)'는 학생 개별 수준에 맞는 언어 지원을 제공하며, 영어 작문 수업의 새로운 가능성을 열어 주고 있다.

평가의 혁신: AI 기반 영어 평가

AI는 발음 정확도, 문장 유창성, 문법 오류 분석, 표현의 다양성까지 평가할 수 있는 기능을 갖추고 있다. 이는 기존의 시험지 중심 평가에서 벗어나, 실제 의사소통 능력 중심의 수행 평가를 가능하게 한다.

예를 들어, 발음 평가 앱은 학생의 발음을 실시간으로 분석해, 소리 하나하나의 정확도를 시각적으로 보여 준다.

AI 채점기는 에세이에서 논리적 구조, 문법 오류, 어휘 다양성을 평가해 점수화할 수 있다. 이러한 기능은 교사의 평가 부담을 줄이는 동시에, 학생 개별 피드백의 질을 높여 준다.

교사의 역할 변화와 철학

AI 도구가 많아질수록 영어 교사는 언어 전달자에서 언어 학습 설계자로의 전환이 필요하다. 수업을 설계하는 디자이너, 적절한 도구를 안내하는 코치, 언어를 삶과 연결 짓는 철학자로 역할을 변화해야 한다.

X 영어 교사는 이렇게 말한다. "AI가 문장을 고쳐 줄 순 있지만, 그 문장을 왜 써야 하는지는 가르쳐 줄 수 없죠. 그건 교사의 역할이에요." AI는 기술을 넘어, 교사의

철학을 강화하는 동료가 될 수 있다.

프로젝트 기반 영어+AI 수업

AI를 활용한 영어 수업은 학생들의 언어 표현력은 물론, 비판적 사고력과 디지털 리터러시까지 함께 길러 주는 통합형 수업으로 발전할 수 있다.

예를 들어, 디지털 스토리텔링 활동에서는 미드저니 같은 AI 이미지 생성기를 활용해 자신이 쓴 영어 이야기에 어울리는 삽화를 만들고, 이를 시각 자료로 구성해 발표함으로써 창의적 표현 능력을 강화할 수 있다.

또한 AI 스피치 대회에서는 AI 도구를 활용해 발음을 교정한 후, 테드(TED) 스타일의 짧은 스피치를 발표하고, AI의 채점 결과를 바탕으로 친구들과 상호 피드백을 주고받는 활동이 이뤄진다.

마지막으로 인터뷰 실습에서는 챗GPT나 캐릭터ai(Character.ai) 등과의 가상 인터뷰를 통해, 학생들이 유명 인물에게 질문 리스트를 작성하고 실제로 대화를 실행한 뒤, 내용을 정리해 발표함으로써 실제 의사소통 상황을 모의 체험할 수 있다.

이러한 활동들은 AI 기술을 활용해 단순한 언어 학습을 넘어, 다양한 표현 방식과 사고의 확장을 동시에 경험하게 해 주는 효과적인 수업 사례가 된다.

타 교과와의 융합 가능성

영어는 거의 모든 교과와 융합이 가능한 과목으로, 다양한 주제를 통해 학습의 폭을 넓힐 수 있다. 예를 들어, 영어와 과학을 결합하면 과학 기사 번역, 과학 용어 학습, 실험 결과 발표 등의 활동이 가능하며, 영어와 사회의 융합에서는 세계 뉴스 비교, 글로벌 이슈에 대한 토론, 역사적 인물 인터뷰 등을 통해 비판적 사고를 기를 수 있다. 또한 영어와 예술을 접목하면 시 낭송, 뮤직비디오 분석, 영화 대사 연기 등 창의적이고 표현 중심의 활동으로 확장할 수 있다.

이러한 융합 수업에 AI를 활용하면 접근 장벽은 낮아지고, 다양한 자료와 도구를 통해 학생들의 몰입도는 더욱 높아지며, 학습은 보다 풍부하고 실감 나는 경험으로 전환될 수 있다.

AI는 언어를 대체하지 않는다.

AI는 오히려 언어의 힘을 더 강하게 만들 수 있다. 영어 교실은 이제 더 이상 '시험'의 공간이 아니라, 소통과 표현의 장이 되어야 한다.

AI는 그 변화의 촉진제다. 영어 교사인 당신이 기술 앞에서 망설일 필요는 없다. 당신은 이미 학생과 소통하는 방법을 알고 있는 사람이다. AI는 그 소통을 더 깊고 넓게 해 주는 동료일 뿐이다.

당신의 교실이, 당신의 수업이, AI와 함께 새로운 이야기를 만들어 가기를 바란다. 그 이야기는 분명 학생들의 미래에 오래도록 남을 것이다.

08
미술 교사와 AI 융합 교육

"AI가 그린 그림도 예술인가요?" AI에 대한 수업에서 미술 교사들이 가장 자주 묻는 질문이다. 그 속엔 놀라움, 경계심, 호기심, 그리고 미술 교사로서의 정체성에 대한 진지한 고민이 들어 있다. 과거 미술 수업은 연필과 붓, 캔버스 위에서 이뤄졌다. 그러나 지금은 터치패드, 디지털 펜, 그리고 인공지능까지 예술의 재료가 되었다. 생성형 AI는 몇 개의 단어만으로도 고흐풍의 초상화나 미래 도시의 풍경을 만들어 낸다. 이러한 도구는 교실 안 미술 교육의 경계를 넓히고 있다.

AI와 한의학?

미술 교육의 본질과 AI의 가능성

미술 교육은 기술을 가르치는 수업이 아니다. 아이들이 감정과 사유를 시각적으로 표현할 수 있는 능력, 즉 창의력, 표현력, 해석력, 심미적 감수성을 기르는 수업이다.

AI는 도구일 뿐이다. 하지만 그 도구는 아이들의 상상력에 불을 붙이는 새로운 촉매제가 될 수 있다. 그림을 잘 그리지 않아도, 손재주가 부족해도, 자신의 생각을 이미지로 표현할 수 있다는 것은 AI가 열어 주는 예술 교육의 새로운 지평이다.

생성형 AI의 등장과 미술 수업의 변화

대표적인 AI 아트 도구로는 다양한 형식의 창작 활동을 지원하는 플랫폼들이 있다. 챗GPT는 텍스트를 기반으로 이미지를 생성하는 생성형 AI로 활용될 수 있으며, 미드저니는 예술적인 스타일의 고품질 이미지를 만들어 내는 데 특화되어 있다. 캔바 AI(Canva AI)와 어도비 파이어플라이(Adobe Firefly)는 디자인 요소를 자동으로 생성하고 손쉽게 편집할 수 있도록 도와주며, 런웨이 ML(Runway ML)은 영상 편집과 이미지 확장 기능을 AI 기반으로 지원해 영상 콘텐츠 제작에도 활용도가 높다. 또한 구글의 마젠타(Magenta)는 음악과 미술 창작에 특화된 AI 도구로, 예술 교육의 확장을 가능하게 한다.

이러한 도구들은 최근 들어 초등학생도 쉽게 사용할 수 있을 정도로 사용자 친화적으로 발전하고 있어, 교육 현장에서 창의성과 표현력을 키우는 데 유용한 자원으로 자리 잡고 있다.

전통 미술 수업과 AI의 통합 방식

AI의 등장이 전통적인 미술 수업에서 붓을 놓게 만든다는 우려는 기우에 불과하다. 오히려 AI는 전통 미술 수업을 보완하고 표현의 폭을 확장하는 도구로 활용될 수 있다.

예를 들어, 초상화 단원 수업에서는 전통적으로 거울을 보고 자신의 얼굴을 관찰한 뒤 자화상을 그리는 활동을 진행한다. 여기에 AI를 통합하면, 학생들은 자신의 감정을 키워드로 입력해 생성형 AI를 통해 '내면의 자화상'을 시각화해 볼 수 있다. 이어지는 수업에서는 AI가 생성한 이미지와 학생이 직접 그린 자화상을 비교하면서, 각각의 표현 방식과 감정 전달 효과에 대해 분석하고 토론하는 활동으로 확장된다.

이러한 수업은 단순히 모사 능력을 평가하는 데 그치지 않고, 학생들에게 해석과 비판적 사고를 요구하는 창의 융합형 수업으로 발전할 가능성을 보여 준다.

피지컬 컴퓨팅과 인터랙티브 아트

미술은 이제 정적인 예술을 넘어 움직이고 반응하는 예술로 확장되고 있다. 센서, LED, 마이크로컨트롤러(아두이노, 마이크로비트 등)를 이용하면, 학생들은 다음과 같은 작품을 만들 수 있다.

관객이 다가오면 색이 바뀌는 조명, 설치 미술 센서로 감지된 소리 크기에 따라 선이 변하는 디지털 드로잉, 움직임에 반응하는 입체 애니메이션 조형물 등의 작업은 공학, 음악, 디자인, 컴퓨터 과학과의 융합 수업이 가능하게 하며, 스팀(STEAM) 기반 창의 융합 교육의 완성도를 높인다.

AI를 활용한 미술 수업은 학생들의 감정 표현력, 창의성, 실생활 연계 능력을 크게 확장해 주고 있다. 예를 들어, X 교사는 중학교 2학년 '감정 표현' 단원에서 생성형 AI를 활용한 수업을 진행했다. 학생들은 '오늘 내 기분'을 영어 키워드로 입력해 AI로 이미지를 생성한 뒤, 그 이미지에서 느껴지는 분위기를 색채와 질감으로 재해석해 직접 작품을 완성했다. 한 학생은 "AI가 제 감정을 이렇게 멋지게 표현할 줄 몰랐어요!"라고 말했고, 또 다른 학생은 “제가 그린 그림과 AI가 만든 그림을 비교하는 게 신기했어요”라며 흥미를 드러냈다.

또한 Y 교사는 고등학교 1학년 시각디자인 수업에서 ‘우리 동네 광고 만들기 프로젝트’를 운영했다. 이 수업에서는 지역 상권과 연계해, 학생들이 각 상점의 특성과 분위기를 반영한 슬로건과 키워드를 AI에 입력해 포스터 이미지를 생성하고, 이를 자신의 스타일로 다시 디자인해 전시했다. 학부모와 상점 주인과의 협력을 통해 미술 수업이 실생활과 연결되며 학생들의 몰입도와 현실 감각을 높였다.

초등학교 교사 Z 씨는 6학년 창의 표현 수업에서 런웨이 ML을 활용해 ‘움직이는 나만의 AI 애니메이션’을 제작했다. 아이들은 먼저 스토리보드를 직접 그린 후, 장면별로 생성형 AI에게 이미지를 요청하고, 자신의 목소리를 녹음해 애니메이션을 완성했다. 기술에 대한 전문적인 지식 없이도, 스토리만 있으면 누구나 창작자가 될 수 있는 시대 속에서 아이들의 창의성은 AI를 통해 더욱 빛날 수 있었다.

이처럼 AI와 결합된 예술 수업은 감정 표현에서 실용 디자인, 그리고 영상 창작에 이르기까지 교육의 경계를 넓히며 학생들의 상상력을 현실로 이끌어 내고 있다.

AI 예술의 윤리와 창작자 의식

AI와 미술을 결합할 때, 반드시 고민해야 할 것이 있다. 바로 창작의 주체, 저작권, 윤리적 사용에 대한 부분이다. AI가 만든 이미지는 누구의 것인가? 유명 화가의 스타일을 모방한 이미지의 저작권은 누구에게 있는가? 학생이 AI에게 시킨 '명령어'도 창작이라고 볼 수 있는가? 이런 논의는 미술 수업에서 새로운 토론 주제가 될 수 있다.

교사는 학생들과 함께 창작의 의미, 표현의 주체성, AI 윤리에 대해 이야기하고, 비판적으로 기술을 바라보는 시각을 길러 주어야 한다.

미술 교사의 변화와 창의성 교육의 확장

AI가 그림을 대신 그려 주는 시대에 교사의 역할은 '기술을 알려 주는 사람'이 아니라, 표현의 본질을 안내하는 사람으로 변한다.

왜 그렸는가? 무엇을 말하고 싶은가? 이 작품이 주는 메시지는 무엇인가? 미술 교사는 AI 시대에도, 오히려 더욱 교육 철학자로서의 존재감을 발휘할 수 있다.

융합 프로젝트의 기회

미술은 거의 모든 교과와 융합이 가능한 과목으로, 다양한 영역과의 결합을 통해 학습의 깊이와 표현의 폭을 확장할 수 있다. 예를 들어, 미술과 과학을 융합하면 생명체의 형태를 응용한 로봇을 만들거나 AI를 활용해 생태계를 시각적으로 재현하는 프로젝트가 가능하며, 미술과 수학의 결합을 통해 대칭, 비율, 프랙탈 아트 같은 수학적 개념을 예술적으로 표현할 수 있다.

또한 미술과 음악을 접목하면 감정 기반의 시각화 작품을 제작할 수 있고, 미술과 영어의 융합에서는 영어 시의 분위기와 어울리는 AI 이미지를 전시함으로써 언어와 예술의 감성을 함께 느낄 수 있다. 미술과 역사의 결합 역시 유의미한데, 시대별 미술사를 재구성하거나 역사 속 장면을 시각적으로 재현하는 프로젝트를 통해 역사적 상상력과 해석력을 기를 수 있다.

이러한 융합 수업의 가능성을 실현하는 데 AI 도구는 창의적인 아이디어를 실제 수업 안에서 구현해 주는 실행력 있는 파트너로서 중요한 역할을 한다.

학생의 반응, 교사의 보람

"AI가 제 그림을 도와주니까 더 완성도가 높아졌어요."
"제가 생각한 이미지를 진짜로 보여 줄 수 있어서 행복했어요."
"예전엔 미술이 어려웠는데, 이제는 하고 싶어요."

기술이 아니라, 자신의 이야기를 표현할 수 있다는 자유가 학생들을 변화시킨다. 그리고 교사들은 말한다.

"처음엔 AI가 두려웠지만, 지금은 AI가 내 수업을 더 풍성하게 만들어 줘요."
"아이들이 웃는 걸 보니까, 나도 다시 그림을 그리고 싶어졌어요."

미술은 인간의 감정과 상상이 만나 빛을 내는 영역이다. AI는 그 빛을 확산시켜 주는 렌즈가 될 수 있다. 미술교사인 당신은 더 이상 AI 앞에서 주춤할 필요가 없다. 당신은 창의성과 감성을 가르치는 사람이다. AI는 그 가르침을 더 많은 학생에게, 더 넓은 표현으로 전달할 수 있도록 도와주는 조력자다.

이제 붓과 키보드, 캔버스와 스크린이 함께하는 시대. 그 교실에서 학생과 함께 창조적 감동을 만들어 갈 사람은 바로 당신, 미술 교사다.

09
리더십을 발휘하는 정보 교사

"이제는 정보 교사가 학교의 기둥이 되어야 할 때입니다." AI 융합 교육 수업 말미에 한 교수님이 조용히 말했다. 이 말에 많은 정보 교사들이 고개를 끄덕였다. 한때는 '컴퓨터 시간에 엑셀이나 파워포인트를 가르치는 교사'로 오해받기도 했지만, 이제 정보 교사는 AI, 데이터, 디지털 시민성, 융합 수업의 최전선에서 학교 전체를 혁신하는 리더십의 중심축으로 성장하고 있다.

AI와 화장품?

정보 교과의 정체성과 확장

정보 교과는 전통적으로 컴퓨터의 기초 활용, 알고리즘, 프로그래밍, 인터넷 윤리 등을 다뤄 왔다. 하지만, 최근 교육 과정 개편에서는 '인공지능 기초', '데이터 과학', '소프트웨어와 생활' 등이 새롭게 추가되며 단순한 기술 교육을 넘어 창의적 문제 해결 능력, 융합적 사고, 미래 시민 역량을 기르는 교과로 진화하고 있다.

정보 교사는 이제 단순한 '컴퓨터 교사'가 아니라, AI 교육의 중심, 융합 수업의 파트너, 학교 디지털 리터러시 교육의 설계자가 되어야 한다.

AI 시대, 정보 교사의 중심적 역할

AI가 학교 수업 곳곳에 등장하면서 가장 먼저 방향을 제시해야 할 사람은 바로 정보 교사다.

교내에서 AI 도구에 대한 이해가 있는 유일한 사람일 수 있으며, 다른 교과 교사들은 정보 교사에게 도움을 요청하게 된다.

어떤 AI 도구가 수업에 적합한지, 생성형 AI를 수업에 도입할 때 주의할 점은 무엇인지, AI가 만드는 콘텐츠의 저작권 문제는 어떻게 다룰지, AI와 코딩을 함께 가르치는 방법은 무엇인지 이런 질문들에 명확한 방향성을 제시할 수 있는 사람이 바로 정보 교사다. 이는 단순한 기술 전달이 아닌, 학교 AI 교육의 철학과 원칙을 세우는 리더십을 요구하는 일이다.

교내 융합 수업의 설계자

정보 교사는 학교 내에서 가장 융합적인 위치에 있는 교사로, 문과 · 이과 · 예체능을 모두 아우를 수 있는 몇 안 되는 교과 담당자이며, 디지털 도구와 데이터를 기반으로 수업을 설계할 수 있는 유일한 전문 직군이다.

예를 들어, 수학과 정보를 결합하면 파이썬을 활용한 함수 시각화 프로젝트를 진행할 수 있고, 과학과 정보의 융합을 통해 센서 데이터를 기반으로 한 환경 실험 분석 수업을 운영할 수 있다. 미술과 정보는 생성형 AI를 활용한 디지털 아트 전시로 확장될 수 있으며, 국어와 정보는 텍스트 마이닝 기법을 활용한 문학 분석 프로젝트로 연결된다. 또한 음악과 정보를 결합하면 코드 기반의 작곡 프로그램을 통해 AI 음악을 제작하는 활동도 가능하다.

이러한 융합 수업들은 대부분 정보 교사의 전문성과 협력이 없이는 실현되기 어렵다. 따라서 정보 교사는 단순한 협조자를 넘어, 수업을 함께 설계하고 운영하는 공동 주체로서 학교 교육의 패러다임 변화를 이끌어야 하며, 미래 교육의 방향을 제시하는 핵심 역할을 맡아야 한다.

컴퓨팅 사고력과 AI의 만남

컴퓨팅 사고력(Computational Thinking)은 문제를 절차적으로 분석하고, 논리적으로 해결하며, 추상화하는 능력이다.

AI 시대에는 이 사고력이 더욱 중요해졌다. 정보 교사는 컴퓨팅 사고력 기반의 코딩 교육과, AI의 작동 원리를 결합해 학생들에게 문제 해결형 프로젝트를 설계한다.

예를 들어 스마트 분리수거 시스템 만들기가 있다. 중학교 정보 교사 AA 씨는 피지컬 컴퓨팅 보드(마이크로비트)와 AI 이미지 인식 도구(티처블 머신)를 활용해, 학생들이 '쓰레기 분류기를 직접 만드는 수업'을 진행했다. 학생들이 카메라에 캔, 병, 종이를 보여 주면 AI가 쓰레기를 분류하고, 마이크로비트가 해당 쓰레기통을 자동으로 여는 시스템을 만들었다.

이런 수업은 단순한 코딩이 아니라, AI와의 융합 사고력, 실생활 문제 해결력, 팀워크와 창의성을 함께 길러 준다.

타 교과와 협력하는 정보 교사

정보 교사는 타 교과 교사들에게 AI 도구와 코딩의 활용 가능성을 보여 주는 브리지 역할을 하며, 교과 간 융합 수업을 이끌어 가는 핵심 연결 고리로서 기능한다.

예를 들어, 영어 교사와 정보 교사가 협업하면 학생들이 작성한 에세이를 AI 첨삭 도구로 분석하고 피드백을 받는 수업이 가능하며, 역사 교사와의 협력을 통해 역사적 사건을 데이터로 시각화하고, AI를 활용해 미래의 흐름을 예측하는 프로젝트도 운영할 수 있다. 체육 교사와 정보 교사가 함께하면 학생들의 운동 데이터를 수집해 개인별 건강 리포트를 생성하는 수업이 가능하고, 음악 교사와의 협업을 통해 AI 작곡 도구를 활용해 나만의 음악 앨범을 만드는 창의적인 활동도 실현할 수 있다.

이러한 융합 수업들은 단순히 교과 목표를 달성하는 데 그치지 않고, 학생들에게 디지털 창의력과 협업 능력을 함께 길러 주는 교육적 효과를 지닌다. 정보 교사는 기술을 다루는 전문가를 넘어, 학교 현장에서 교육 혁신을 함께 만들어 가는 동반자로서 그 역할과 존재감을 점점 더 확고히 해 나가고 있다.

교내 프로젝트와 리더십 발휘

정보 교사는 단순한 교과 수업을 넘어, 학교 내 AI 및 디지털 프로젝트의 기획자로서 중심적인 임무를 수행할 수 있다.

예를 들어, AI 해커톤에서는 환경, 교통, 감정 등과 같은 주제를 정하고, 팀별로 AI 기반 솔루션을 기획하는 프로젝트를 운영할 수 있으며, 디지털 시민 캠페인을 통해 딥페이크(Deepfake) 윤리나 AI 리터러시와 관련된 내용을 포스터로 제작 · 전시해 전교생의 디지털 윤리 의식을 높이는 활동도 가능하다.

또한 코딩 동아리 운영을 통해 게임 제작, 앱 개발, 챗봇 만들기 등 실습 중심의 활동으로 학생들의 진로 탐색을 돕고, AI 주간 행사를 기획해 AI 체험 부스, 학부모 대상 교육, 학생 발표 대회 등 다양한 프로그램을 운영함으로써 학교 구성원 모두가 AI에 대해 이해하고 참여할 수 있는 장을 마련할 수 있다.

이러한 활동들은 단순히 정보 교사의 개인 역량을 넘어 학교 전체의 문화와 교육 방향을 바꾸는 힘으로 작용하며, 정보 교사를 교육 혁신을 이끄는 기획자이자 변화의 촉진자로 자리매김하게 만든다.

학교 디지털 혁신의 중심에 서다

AI, 클라우드, 스마트 기기, LMS(학습 관리 시스템), 온라인 플랫폼 등 다양한 디지털 기술이 학교 현장에 본격적으로 도입되면서, 정보 교사는 그 도입과 활용의 중심에 서게 되었다.

예를 들어, 교내 AI 활용에 대한 가이드라인을 작성하거나, 스마트 기기 활용 연수를 기획·진행하고, LMS 도입 시 교사들이 활용할 수 있는 매뉴얼을 제작하는 등 정보 교사는 디지털 전환의 실질적인 실행 주체로 활동하고 있다. 또한, 데이터 기반 학습 분석 도구가 도입될 경우, 이를 현장에 적용하고 운영하는 실무 지원 역할도 함께 수행한다.

이러한 과정 속에서 정보 교사는 단순히 기술을 제공하는 역할을 넘어 학교의 디지털 생태계를 설계하고 운영하는 핵심 인력으로 자리매김하게 되며, 미래 교육 환경을 이끄는 중심축이 되어 가고 있다.

미래 교육을 설계하는 정보 교사

정보 교사는 기술을 넘어 교육의 철학과 비전을 함께 고민해야 한다.

"AI가 수업을 바꾸고 있다면, 교사의 정체성은 어떻게 변화해야 할까?"

"컴퓨팅 사고력은 인간 고유의 창의성을 어떻게 확장시킬 수 있을까?"

"기술 격차와 정보 격차를 학교 안에서 어떻게 해소할 수 있을까?"

이 질문들 앞에서, 정보 교사는 단순한 도구 사용자가 아닌, 교육의 방향을 설계하고 선도하는 사람이 되어야 한다.

교사로서의 정체성과 사명

"정보 교사는 교과 시간에만 존재하지 않습니다."

교무실에서, 회의 자리에서, 동료 교사와의 협업 속에서, 그리고 교장실과 교육청의 정책 회의 속에서도 정보 교사는 교육의 변화를 실현하는 사람으로 활약하고 있다.

AI 시대, 가장 앞에 서야 할 교사는 아이러니하게도 '기계'가 아닌 '사람'을 더 잘 이해하는 정보 교사다. 리더십은 직책이 아니라 영향력이다.

정보 교사는 기술을 통해 세상을 보는 눈을 아이들에게 열어 주는 사람이다. 그리고 그 눈은 교육을, 학교를, 삶을 변화시키는 힘을 가진다. 당신이 정보 교사라면,

이제 기술을 넘어 가치와 철학을 가르치는 교사가 될 수 있다. 그리고 그때, 당신의 수업은 코딩을 넘어, 학생의 삶을 바꾸는 기회가 될 것이다.

10
나도 노벨상, 아이들의 꿈을 현실로

“선생님, AI로 노벨상 받을 수 있어요?” 어느 날 중학교 2학년 한 학생이 내게 물었다. 순간 나는 놀랐다. 노벨상이라는 단어가 단순히 뉴스 속 먼 나라의 이야기가 아니라, 이 아이의 ‘현실적인 목표’처럼 들렸기 때문이다. 이 아이는 단지 상을 받고 싶어서가 아니라, AI를 통해 세상을 바꾸고 싶은 꿈을 갖고 있었던 것이다. 그 질문 하나가 내 마음에 불을 지폈다. ‘그래, 우리는 아이들에게 꿈을 이야기해 줘야 해. 그리고 그 꿈이 현실이 될 수 있다는 것도.’

종교와 AI?

AI와 노벨상, 먼 이야기일까?

2024년, 노벨 물리학상과 화학상은 인공지능이 차지했다. 물리학상은 인공 신경망을 이용하는 머신 러닝의 기반을 구축한 존 홉필드 프린스턴대 교수와 제프리 힌턴 토론토대 교수가 선정되었다. 화학상은 인공지능을 기반으로 단백질의 구조와 기능을 예측하고 설계하는 소프트웨어를 개발한 데이비드 베이커 워싱턴대 교수와 구글 딥마인드의 데미스 허사비스 최고 경영자와 존 점퍼 수석 연구원이 수상했다. 2024년 노벨상 과학상은 여러 면에서 파격적이라는 지적을 받고 있다.

노벨상 위원회는 이제 'AI를 활용한 과학적 창의성'을 적극적으로 인정하고 있다. 즉, AI는 단지 기술이 아니라 '과학을 진보시키는 파트너'로 자리 잡은 것이다.

당신도 도전할 수 있다

"노벨상은 천재 과학자들이나 받는 거잖아요."

맞다. 그렇게 생각할 수도 있다. 하지만 천재는 어느 날 갑자기 나타나는 존재가 아니다. 끊임없이 문제를 고민하고, 포기하지 않고 도전하며, 상상력을 잃지 않는 사람이 결국에는 세상을 바꾸는 발명을 만들어 낸다. 우리 아이들도 그렇다. 그들은 아직 가능성의 씨앗을 품고 있다. 그 가능성을 꽃피우게 하는 힘은, 바로 교사의 '믿음'이다.

AI 융합 수업이 여는 미래

AI 융합 수업은 단순한 코딩 교육이나 기술 활용 수업이 아니다. 아이들이 실생활의 문제를 발견하고, 그것을 해결하기 위한 도구로 AI를 활용하도록 안내하는 수업이다.

예를 들어, 쓰레기 배출량을 줄이기 위한 AI 분류기 설계, 친구들의 감정을 분석하는 챗봇 만들기, 동네 안전지도를 만들기 위한 영상 인식 모델 제작 등 이런 수업 속에서 아이들은 자연스럽게 문제를 정의하고, 도전하고, 협력하고, 실현하는 과정을 경험한다. 바로 이것이 미래의 노벨상 수상자들이 걷는 길의 시작이다.

중학교에서는 3학년 학생들이 함께 '스마트 급식 도우미'라는 AI 프로젝트를 진행했다. 이들은 매일 급식 메뉴를 요리 사진과 함께 보여 주고, 영양 성분까지 분석해 주는 앱을 직접 개발했다. "급식이 별로일 땐 선택권이 있으면 좋겠다고 생각했어요"라는 발상에서 출발한 이 프로젝트는, 학생들이 급식 만족도 데이터를 직접 수집하고, AI를 통해 메뉴를 추천하는 시스템을 설계함으로

써 생활 속 문제를 기술로 해결하는 창의적 실천의 사례가 되었다.

또한 초등학교 6학년 학생들은 'AI 식물 닥터'라는 이름의 식물 질병 진단 웹사이트를 만들었다. 반려 식물의 잎 사진을 AI에게 보여 주면 해당 병명과 치료 방법을 알려 주는 이 웹사이트는, 어린 학생들의 손에서 탄생한 놀라운 기술 결과물이다. 한 학생은 "식물을 잘 키우는 것도 사람과 함께 살아가는 법을 배우는 거잖아요"라고 말했는데, 이 한마디는 기술을 넘어 생명을 존중하는 철학적 태도까지 담고 있어 어른들에게도 깊은 울림을 주었다.

이처럼 아이들의 작은 도전은 실생활 문제 해결과 감성적 성장을 함께 이뤄 내며, AI 교육의 가능성과 가치를 분명하게 보여 주고 있다.

창의력, 문제 해결력, 도전 정신

AI를 활용한 수업은 아이들에게 단순한 지식이 아닌 창의적 사고, 협력, 감성, 윤리, 그리고 도전 정신을 길러 준다. 기존 교육이 '정답 찾기'였다면, AI 융합 수업은 '질문 만들기'다. 정답은 AI가 알려 줄 수 있지만, 진짜 질문은 사람만이 할 수 있다.

“왜 이 문제를 해결해야 할까?”

“어떻게 하면 모두가 행복할 수 있을까?”

이런 질문을 품은 아이가 미래의 노벨상을 받을 수 있다.

교사의 역할: 가능성의 문을 여는 사람

교사는 AI를 직접 다룰 줄 몰라도 된다. 중요한 것은 아이들에게 가능성의 문을 열어 주는 것이다. “그거 재미있겠다”, “한번 해 보자”, “그럼 선생님도 같이 배울게.” 이 말들은 교실을 바꾸는 마법이다. 교사는 모든 걸 아는 사람이 아니라, 함께 도전하는 동반자가 되어야 한다.

결과보다 더 중요한 것

우리는 종종 교육의 ‘성과’에만 주목하지만, 진정한 교육의 가치는 ‘결과’가 아니라 그 과정을 통해 어떤 성장을 이루었는가에 있다.

AI 프로젝트에서 실패하는 것은 전혀 문제가 되지 않는다. 오히려 중요한 것은 문제를 스스로 정의하려는 용기, 직접 코드를 짜 보려 한 도전, 친구들과 함께 밤을 새워 고민했던 시간, 그리고 발표 자리에서 떨리는 목소리로 자신의 생각을 전하려 했던 순간들이다.

이 모든 경험은 아이들에게 단지 기술을 넘어, 자신감을 지닌 미래 인재로 성장할 수 있는 밑거름이 되며, 교육이 추구해야 할 진정한 가치를 잘 보여 준다.

교사와 학생이 함께 쓰는 이야기

한 중학교에서 교사와 학생이 '미래 도시 만들기' 프로젝트를 진행했다. 교사는 학생들에게 말한다.

> "선생님은 이런 거 잘 모르지만, 너희 아이디어를 도와줄게."

그 말 한마디에 아이들은 폭발적인 상상력을 쏟아 냈다. AI는 그 상상을 이미지로, 시뮬레이션으로, 데이터로 구체화해 주었다.

그리고 교사는 그 과정을 지도하며, 이 아이들이 만든 이야기를 '교육의 역사'로 남기고 싶다고 말했다.

교실에서 시작된 위대한 변화

노벨상은 거대한 연구소나 실험실에서만 나오는 것이 아니다. 때로는 작은 교실에서 시작된 질문 하나가 세상을 뒤흔드는 발견으로 이어질 수 있다.

"우리 동네 미세 먼지를 줄일 수 없을까?"
"외로운 친구를 위한 로봇 친구를 만들 수 없을까?"
"장애인을 위한 교통 정보 앱이 있다면 좋지 않을까?"

이런 질문이 교실에서 나왔다면, 그 교사는 이미 위대한 일을 해낸 것이다.

"우리 반에서 노벨상이 나올 수도 있습니다."

나는 이 말을 두려움 없이 할 수 있다. 왜냐하면, 나는 이미 수많은 교사들이 AI 융합 교육을 통해 아이들의 눈빛을 바꾸는 장면을 봐 왔기 때문이다.

그 눈빛은 가능성을 본 눈빛이다. '할 수 있다'는 믿음을 품은 눈빛이다. 그리고 그 믿음은 당신, 교사의 말 한마디, 수업 하나, 관심 한 조각에서 시작된다.

아이들의 미래를 가로막지 말고, 기술 앞에서 주저하지 말고, 교사로서의 사명을 믿고, 함께 도전하며, 함께 꿈꾸며, 함께 걸어가자.

그 길의 끝에서, 우리 아이가, 우리 반 아이가, 노벨상 수상자 인터뷰에서 이렇게 말할지도 모른다.

"그때 선생님이 '너도 할 수 있어'라고 말해 주셨어요."

"그 말이 제 인생을 바꿨어요."

김귀훈

한국교원대학교 컴퓨터교육과 및 인공지능융합교육전공 교수다. 카이스트(KAIST)에서 학사, 석사, 박사학위를 받았다. LG 데이콤, 한국전자통신연구원(ETRI)에서 지식융합슈퍼브레인 자가학습엔진 등을 개발했으며, 2020년부터 한국교원대학교 인공지능융합교육전공에서 대학생과 현직 교사를 대상으로 인공지능 교육을 담당하고 있다. 교육정보원 원장과 영재교육원 정보AI 영재교육부장으로 활동하며, SW/AI 새싹캠프 등을 통해 초·중·고등학생들에게 '재밌는 AI', '따뜻한 AI'를 전파하는 전도사 역할을 하고 있다. 주요 저서로 《정보》, 《인공지능 기초》, 《데이터과학》, 《SW와 생활》(이상 2022 개정 교육과정 교과서), 《꼬리에 꼬리를 무는 인공지능 이야기 with 파이썬》, 《꼬리에 꼬리를 무는 인공지능 메이커 with 핑퐁 로봇》, 《Python을 사용한 심층 강화 학습》, 《강화 학습 개념 및 산업현장의 적용 사례》, 《챗GPT 및 OpenAI 모델을 사용한 생성형 AI 탐험》 등이 있다.